Dr John Coleman

LA GUERRE DE LA DROGUE CONTRE L'AMÉRIQUE

ℴMNIAVERITAS.

John Coleman

John Coleman est un auteur britannique et un ancien membre du Secret Intelligence Service. Coleman a produit diverses analyses concernant le Club de Rome, la Giorgio Cini Foundation, le Forbes Global 2000, le Interreligious Peace Colloquium, le Tavistock Institute, la noblesse noire ainsi que d'autres organisations qui se rapprochent de la thématique du Nouvel Ordre Mondial.

LA GUERRE DE LA DROGUE CONTRE L'AMÉRIQUE

DRUG WAR AGAINST AMERICA

Traduit de l'anglais et publié par Omnia Veritas Limited

© Omnia Veritas Ltd – 2022

ℰMNIA VERITAS®

www.omnia-veritas.com

Chapitre 1

La guerre de la drogue contre l'Amérique

L a première étape pour résoudre un problème est de le reconnaître comme tel. L'Amérique a un problème de drogue, un énorme problème de drogue qui refuse de disparaître ; un problème qui ne sera pas résolu tant que la nation ne s'attaquera pas à son origine.

La majorité des Américains savent qu'il existe une épidémie de drogue, mais seule une petite minorité est consciente qu'elle a été infligée à notre société par les "chefs des ténèbres, les méchants en haut lieu, qui préfèrent les ténèbres à la lumière parce que leurs actions sont mauvaises".

Ce livre traite de l'identité de ces hommes et de la manière dont ils dirigent l'entreprise la plus importante et la plus rentable du monde, de ce qu'ils ont accompli et de l'efficacité des contre-mesures prises.

N'allez pas croire que le commerce de la drogue est un simple commerce de rue, où les revendeurs sont contrôlés par la mafia. C'est certainement une partie du problème, mais les véritables promoteurs de ce commerce maudit se trouvent dans les couloirs de l'"élite" de ce monde, les familles "royales", les familles "nobles" d'Europe et les "meilleures" familles d'Amérique, de Grande-Bretagne et du Canada. Le commerce atteint les échelons les plus élevés du pouvoir et n'a pas été éradiqué, mais seulement quelque peu contenu. L'agence américaine de lutte contre la drogue (USDA) et les agences de lutte contre la drogue du monde entier tentent de combattre un incendie de forêt avec des tuyaux d'arrosage sans pression d'eau suffisante. Comment cela est-il possible ?

La réponse est que le commerce de la drogue ne peut pas être éradiqué parce que ses directeurs, les dirigeants des ténèbres, les méchants en haut lieu, ne permettront pas que le commerce le plus lucratif du monde, avec des profits colossaux ne nécessitant qu'un minimum de capital d'investissement, un produit pratiquement gratuit avec peu de coûts de production, leur soit enlevé. Les seuls problèmes auxquels les contrôleurs de cette "société" massive doivent faire face sont la livraison et la distribution. Comme je l'ai dit dans l'un de mes livres, il est certain qu'une nation capable d'organiser un effort de mobilisation massif et d'envoyer une énorme armée à l'étranger pour combattre et gagner la Seconde Guerre mondiale peut organiser une campagne pour éradiquer le commerce de la drogue.

Le trafic de drogue est-il une tâche plus redoutable que la guerre contre l'Allemagne et le Japon pendant la Seconde Guerre mondiale ? Bien sûr que non, l'Amérique peut le faire. Le problème est que le facteur X intervient dès que l'agence américaine de lutte contre la drogue commence à s'attaquer au problème, et le facteur X est l'élite dirigeante, dont les énormes fortunes proviennent du commerce de la drogue.

Ce commerce a débuté en 1652 et a impliqué plusieurs autres pays. La "haute société" aristocratique de Grande-Bretagne dirigeait en fait le lucratif commerce de l'opium chinois et Lord Palmerston du gouvernement britannique l'a même énoncé au Parlement.

L'immense richesse et le pouvoir dont jouissent les familles de l'aristocratie britannique — la classe dirigeante — remontent directement à cette activité odieuse et sale. Comme je l'ai souvent dit dans mes *Weekly Intelligence Reports* et dans d'autres ouvrages, la longue lutte pour le contrôle de Hong Kong qui s'est déroulée entre les gouvernements britannique et chinois ne portait pas sur la masse terrestre insulaire elle-même, mais sur la question de savoir qui recevrait la part du lion des milliards de dollars générés par le commerce de l'opium en Chine, qui représente 64% de ses recettes en devises. Les familles "nobles" de Grande-Bretagne ont toujours prélevé la plus grande part du gâteau, mais maintenant que les Chinois ont exigé un plus gros morceau, avec l'effondrement de l'Empire britannique et de sa puissance, la Grande-Bretagne n'avait pas d'autre choix que d'accéder à leur demande, qui était assortie d'une condition. Le contrôle du commerce mondial devait rester entre les mains des Britanniques, les mains souillées des "nobles" et très respectées "vieilles" familles, celles qui n'accorderaient pas l'heure juste à des gens comme le peuple américain, l'oligarchie qui occupe les sièges du pouvoir en haut lieu ! La guerre de la drogue contre l'Amérique a pris un nouveau tournant inquiétant au début des années 1950, avec l'introduction du LSD dans la jeunesse américaine par Aldous Huxley et Bertrand Russell.

Le LSD est fabriqué par la famille suisse membre de l'oligarchie et de la noblesse noire, Hoffman LaRoche. L'expérimentation du LSD est officiellement placée sous le contrôle du centre de recherche de Stanford, où de vastes expériences ont été menées sous les noms de code "Opération Naomi" et "Opération Artichoke" avec de la marijuana et de la cocaïne.

La jeunesse américaine a disparu sous un blizzard de poudre blanche produite à partir de feuilles vertes froissées. Des victimes consentantes et non consentantes ont été "testées" dans des endroits tels que le Centre de toxicomanie, l'hôpital du Mont Sinaï et l'hôpital psychiatrique de Boston, pour ne citer que deux des plus importants centres de test. Avec la promotion simultanée de la "musique" atonale de Theo Adorno, perfectionnée à Wilton Park, foyer de la propagande britannique et centre de désinformation, est apparue une fraude stupéfiante appelée "musique rock" interprétée par des groupes de rock, qui a servi de support à l'introduction de programmes notoires de lavage de cerveau et de "tests" de drogues.

La première d'une longue série de tromperies de ce type a été la "découverte" par Ed Sullivan du groupe "The Beatles", un groupe bourré de drogues. Tout le business du "rock" a été conçu et perfectionné à Wilton Park dans le but délibéré de l'utiliser comme un véhicule pour inciter les jeunes Américains à consommer des drogues et en faire une coutume sociale acceptable. Le rock a été conçu uniquement comme un véhicule pour la diffusion des drogues et tous les "groupes de rock" "découverts" après l'expérience des Beatles sont devenus partie intégrante d'une guerre psychologique menée contre la jeunesse de nombreux pays. Tous les groupes frauduleux ont été constitués à Wilton Park par des experts qui les ont appelés "musique atonale", après quoi Wilton Park a lâché toute une série de "groupes rock" sur un public américain peu méfiant. Ed Sullivan, la personnalité radiophonique la plus connue des États-Unis, a été complice du crime du siècle en faisant venir les "Beatles" en Amérique !

Ceux qui participent à la promotion des concerts de rock ou qui distribuent des disques et des cassettes de ce son hideux, une cacophonie de bruits qui troublent l'esprit, auraient dû être poursuivis pour leur participation à la propagation de la drogue. Je pense que tous les concerts "rock" constituent un délit, car ils sont utilisés pour inciter les jeunes à consommer de la drogue. C'est ainsi que les concerts de rock ont été organisés principalement pour servir de couverture à la distribution de drogue et que la "musique" rock est devenue une partie intégrante de la guerre contre la drogue en Amérique. Il est temps que nous, les gens, enlevions les gants et fassions tomber quelques têtes ensemble !

Il sera doublement difficile d'éradiquer le commerce de la drogue tant que la "musique rock" n'aura pas été éradiquée et que les soi-disant "concepts rock" n'auront pas été mis hors la loi. Cela signifie qu'il faut fermer la division des disques de la RCA et, comme ceux d'entre vous qui ont suivi mes rapports au fil des ans le savent, la RCA est une branche des services secrets britanniques, qui a commencé en 1924, lorsque la société américaine Marconi était une filiale à part entière de la société britannique Marconi. À l'époque, comme aujourd'hui, RCA était dirigée par les Britanniques en vertu du contrôle exercé par Morgan Guarantee sur le groupe mère, Westinghouse et General Electric Company. United Fruit Company — aujourd'hui United

Brands — dont le président, Max Fisher, a fait don d'énormes sommes d'argent au Parti républicain en 1972, détenait la franchise pour tous les équipements de communication vendus en Amérique latine et dans les Caraïbes par le groupe RCA-Westinghouse-G.E. United Brands est fortement impliquée dans le trafic de drogue, comme l'a démontré la rare saisie d'un de ses navires transportant une importante cargaison de drogue. RCA avait des liens avec l'Allemagne avant la Seconde Guerre mondiale, par le biais de l'amitié que le président de RCA, David Sarnhoff, a entretenue toute sa vie avec Hjalmar Schacht, le génie financier d'Hitler. Ce sont des amitiés de ce calibre qui ont empêché le "juge" Jackson d'obtenir une condamnation contre Schacht lors des "procès" illégaux de Nuremberg. Le juge Jackson n'était pas du tout un juge, mais un avocat, qui a accepté l'appel désespéré du gouvernement américain pour occuper le poste vacant au procès de Nuremberg. Les juges réguliers des États-Unis ne reconnaissaient pas la légalité des procédures de Nuremberg et esquivaient les offres du ministère de la Justice pour représenter le gouvernement américain.

Permettez-moi de m'empresser d'ajouter que les drogues "récréatives" illégales ont été complètement éradiquées en Allemagne lorsque Hitler était au pouvoir. RCA, par l'intermédiaire de Sarnhoff (un agent des services secrets britanniques de longue date), a fait des efforts personnels de collecte de fonds pour diverses expériences et projets liés à la drogue menés par le Stanford Research Institute, la même institution qui a supervisé le célèbre programme expérimental MK Ultra LSD.

Qu'en est-il du présent ? À la mi-2009, le tableau général est très sombre. La DEA et les autorités internationales de lutte contre la drogue n'ont pas été en mesure de faire ne serait-ce qu'une petite entaille à l'infrastructure bien protégée du commerce de la drogue. Malgré les efforts accrus de la DEA, le flot de drogues entrant en Amérique continue d'augmenter et est désormais officiellement hors de contrôle. Cela ne veut pas dire que l'Amérique ne peut pas arrêter ce commerce. Ce que cela indique, c'est que l'Amérique mène une guerre contre la drogue avec les deux mains liées derrière elle. Les efforts déployés pour lutter contre la menace que représente la drogue ont l'air d'une production théâtrale comique et ne seront pas plus fructueux que leurs précédentes tentatives infructueuses, tant que nous ne nous attaquerons pas aux personnes qui se cachent derrière la scène de la drogue.

Les mesures suivantes, qui n'ont pas été prises, doivent l'être sans plus attendre :

> ➢ Fermer le robinet de l'"aide étrangère" aux pays qui produisent les matières premières du commerce.

> ➢ Les États-Unis doivent également conclure un traité d'extradition spécial avec les pays producteurs de drogue, qui permettrait aux agents de la DEA d'opérer dans les pays producteurs avec le pouvoir d'extrader vers les États-Unis les principaux producteurs de drogue.

Si nous avons été capables de formuler les statuts de Nuremberg pour les "crimes contre l'humanité", alors nous devons aussi être capables d'un accord international qui donnerait aux agents américains une grande latitude, car le commerce de la drogue n'est-il pas un crime contre l'humanité ?

> ➢ Les États-Unis doivent nommer des procureurs spéciaux (comme nous l'avons fait lors de la conspiration du Watergate planifiée par Tavistock) pour coordonner toutes les poursuites pénales liées à la drogue.

Dans la mesure où les États-Unis ont pu créer un tribunal international à Nuremberg, nous pouvons très certainement faire la même chose aujourd'hui, car la drogue et son commerce constituent une guerre contre le monde civilisé — et très certainement un crime contre les droits de l'homme.

> ➢ Les États-Unis doivent s'engager dans un programme visant à encourager les pays produisant les matières premières pour le commerce à vendre la totalité de leur

"récolte" aux Américains nommés et contrôlés conformément à un accord écrit selon lequel aucune autre "récolte" ne sera produite.

➢ Les agents américains doivent avoir un accord qui permet de rendre le sol de zones entières de culture (comme Helmand en Afghanistan, patrie du pavot à opium) inutilisable pour planter du pavot.

C'est possible et c'est beaucoup moins cher que le coût énorme de la surveillance de notre littoral et du paiement des factures médicales des victimes du trafic de drogue.

➢ Une mesure que les États-Unis peuvent facilement prendre est d'adopter des lois instituant la peine de mort pour tous ceux qui sont pris à faire du trafic, de la vente ou de la promotion de drogues.

➢ Les toxicomanes pris en train de fumer ou d'ingérer de la drogue devraient être jugés par un tribunal spécial et, s'ils sont reconnus coupables, envoyés dans un camp de redressement au milieu du désert de Mojave, avec le minimum de confort humain.

Il y aurait une période d'amnistie pendant laquelle tous les trafiquants de drogue devraient remettre leurs stocks de drogue à des agences gouvernementales ou à des comités de citoyens spécialement sélectionnés, pour une incinération immédiate. Par la suite, toute personne prise en train de vendre des drogues ou d'être en possession de drogues destinées à la vente serait exécutée.

➢ Tous les établissements où l'on consomme beaucoup de drogues, comme les discothèques et les boîtes de nuit, doivent être obligés de fermer leurs portes et leurs propriétaires doivent être condamnés à de lourdes amendes et à des peines de prison s'il est prouvé devant les tribunaux des procureurs spéciaux que des drogues étaient consommées dans les locaux. Les "concerts de rock" doivent être interdits et les promoteurs de ces "concerts" doivent être condamnés à de lourdes amendes et à des peines de prison.

> Toute personne transportant de la drogue aux États-Unis ou traversant les frontières d'un État doit être jugée par les procureurs spéciaux dans des tribunaux créés à cet effet. En cas de verdict de culpabilité, les trafiquants doivent être condamnés à mort et la sentence doit être exécutée sans délai excessif.

> Le département américain de l'agriculture doit conclure des traités avec tous les pays producteurs de plantes médicinales qui permettront à des équipes d'agents américains de "fouiller et détruire" tous les endroits où des plantes médicinales sont découvertes.

L'application d'un nouvel herbicide "tueur de soleil", composé d'un acide aminé présent dans toutes les plantes, permet d'atteindre cet objectif de manière efficace et peu coûteuse. Le composé est inoffensif pour la vie animale et écrase la croissance indésirable par une accumulation d'acide aminé dans la plante médicamenteuse, qui fait s'effondrer les tissus végétaux et les déshydrate en trois heures.

Ce nouvel herbicide est capable d'anéantir à la source tous les buissons de coca, les pavots et les champs de marijuana, sans endommager les cultures ordinaires ni empoisonner le sol. Selon le Dr William Robertson, de la National Science Foundation, l'herbicide est pulvérisé juste au moment où le soir tombe. Dès que le soleil se lève le lendemain matin, une réaction en chaîne est déclenchée et les plantes de drogue commencent à "se vider de leur sang" en perdant tous leurs fluides internes. En quelques heures, les plantes pulvérisées se ratatinent et meurent. L'herbicide est facile à appliquer, il est peu coûteux et sans danger pour l'environnement. Il ne réagit pas sur les cultures alimentaires telles que le blé, l'orge, l'avoine, le soja, etc.

Avec un soutien interne et des accords internationaux, les États-Unis pourraient éliminer les drogues de la surface de la Terre en l'espace de trois ans et à un coût étonnamment bas. Le programme pourrait devenir opérationnel par le biais de traités et de concordats. Tout pays refusant d'adhérer au programme, qui comprendrait une clause imposant le stationnement d'agents américains sur son territoire, se verrait retirer tout financement de l'aide étrangère américaine.

Un boycott commercial mondial (comme celui qui a été appliqué contre l'Allemagne en 1933) doit être institué contre les pays qui refusent de signer et des pressions internationales doivent être exercées sur eux par l'intermédiaire de toutes les agences des Nations Unies, du type de celles qui ont été impitoyablement appliquées contre l'Afrique du Sud et l'Irak. Le nouveau produit, l'ALA, est déjà disponible et les États-Unis doivent se lancer dans un programme d'urgence pour le produire en quantité suffisante pour une utilisation à l'échelle mondiale.

Nous devons nous mobiliser pour la guerre ! La mise en œuvre de ce programme dans son intégralité nécessitera un effort concentré, mais pas plus important que celui qui a été nécessaire en 1939-45. Si nous avons pu faire le puissant effort de la Seconde Guerre mondiale, alors nous sommes obligés de faire le même effort maintenant. La sécurité de l'Amérique n'a jamais été directement menacée par l'Allemagne en 1939. L'Allemagne n'avait aucune querelle avec les États-Unis, mais les marchands de drogue, les "familles nobles", constituent une menace dangereuse directe et très actuelle pour notre sécurité et notre futur bien-être en tant que grande nation. Les États-Unis doivent déclarer la guerre à ces pays et leurs bases de production et leurs systèmes de transport et de distribution doivent être anéantis. Nous devons mobiliser nos ressources massives en potentiel humain et technique pour rencontrer les seigneurs de la drogue et les détruire.

Au cours des 34 dernières années, le peuple américain a assisté, impuissant, à la marée de la guerre contre lui. Jusqu'à présent, le peuple américain n'a pas réalisé que nous étions en guerre parce que l'ennemi ne pouvait pas être aussi facilement identifié que nos usines de propagande ont identifié l'Allemagne en 1939. Ces mêmes "faiseurs d'opinion" de la propagande sont très réticents à aborder la question de la drogue, ce qui n'est pas du tout surprenant quand on sait que les "faiseurs d'opinion" font partie du même réseau. Il est absolument nécessaire de faire comprendre aux Américains que les profits obscènes de la drogue, qui ruinent des millions de vies chaque année, financent également le terrorisme international.

Des statistiques récentes de la DEA montrent une augmentation alarmante du nombre de consommateurs d'héroïne, de cocaïne et de marijuana en Amérique. Quant à l'aspect terroriste, il suffit de se rappeler les activités de la secte du "Sentier Lumineux" au Pérou pour voir comment l'argent de la drogue a financé des meurtres.

Ce groupe était l'un des gangs terroristes les plus violents et les plus vicieux du monde, une bande de voyous décidés à prendre le contrôle du Pérou afin de s'emparer du lucratif commerce de la cocaïne, jusqu'à ce que le président Fujimori du Pérou s'implique personnellement. Mais cette action allait lui coûter sa présidence et l'obliger à fuir au Japon, craignant pour sa vie.

La cocaïne est une menace croissante qui touche 20 millions d'Américains. Rendu populaire par la "jet set" et les "célébrités" d'Hollywood, il attire chaque jour environ 5000 nouveaux consommateurs ! Frank Monastero, de la DEA, a récemment déclaré que les liens entre le terrorisme et le commerce de la drogue sont très forts, "mais je ne pense pas que certains segments de l'administration l'envisagent sous cet angle." Bien que Monastero n'ait pas précisé à quel "segment" il faisait référence, je sais, d'après les conversations que j'ai eues avec certains fonctionnaires américains, qu'il parlait du Département d'État américain.

Le département d'État a toujours exprimé son opposition à l'idée de lier les méthodes de lutte contre la drogue à la suspension de l'"aide étrangère" et n'a pas accepté de mettre en œuvre les méthodes que j'ai décrites dans ce livre. C'est un fait bien connu que les fonctionnaires du Département d'État considèrent qu'une nomination dans le domaine du contrôle des stupéfiants à l'étranger est l'affectation la moins souhaitable dans le service extérieur.

Le Royal Institute for International Affairs (RIIA) et le Council on Foreign Relations (CFR), qui contrôlent la Rand Corporation (l'organisation qui a donné à Daniel Ellsberg la notoriété des Pentagon Papers), ont aggravé la situation en rédigeant un document non sollicité, qui affirme que les efforts pour combattre l'usage de drogues au niveau éducatif "sont contradictoires, ambigus et n'ont aucun effet". C'est manifestement faux, mais que peut-on attendre d'autre d'une institution dirigée par le Tavistock Institute of Human Relations,[1] dont les maîtres sont ceux-là mêmes qui profitent de l'ignoble commerce de la drogue ? Le rapport Rand revenait à tirer sur nos propres troupes, car s'il avait tiré sur la foule de la drogue, il aurait tiré sur ses amis, et non sur ses ennemis ! Le résultat net du rapport Rand a été de décourager les programmes éducatifs anti-drogue. Pourtant, Rand reçoit d'importantes subventions du gouvernement américain — un exemple des contradictions dans nos efforts pour minimiser le commerce de la drogue.

Le General Accounting Office (GAO) estime que seuls dix pour cent des drogues introduites clandestinement en Amérique sont interceptées par les services de répression. Voilà qui devrait tirer la sonnette d'alarme ! Comment se fait-il qu'une nation hautement industrialisée, disposant d'une main-d'œuvre, d'argent et de ressources techniques aussi importants, ne soit capable d'intercepter qu'un si petit pourcentage des drogues ? Nous devons chercher la "main cachée", le pouvoir qui contrôle le commerce de la drogue depuis les coulisses, la mystérieuse "Force X". Pour répondre correctement à la question, je traiterai cet aspect au fur et à mesure que nous avancerons.

Un document récent que j'ai vu indique que la production de pavot à opium en Chine a augmenté de 50% depuis 2000. D'autres statistiques du document mentionnent que la production de marijuana et de feuilles de coca a augmenté de 30 et 40%, et que la production d'opium à partir du pavot en Afghanistan est

---

[1] Cf. *L'institut Tavistock des Relations Humaines*, Omnia Veritas Ltd, www.omnia-veritas.com.

passée de 4000 livres à 6000 livres par an depuis l'invasion de ce pays par les troupes des États-Unis et de l'OTAN en 2003. Comment cet exploit a-t-il été accompli ? Grâce à une guerre totale contre l'Amérique dirigée par le RIIA, Wilton Park, l'Institut Tavistock, le CFR et l'oligarchie dirigeante des familles de la noblesse noire d'Europe. Leur principal outil dans cette guerre a été — et est toujours — les "groupes de rock" et les "concerts de rock" et la promotion incessante de la cacophonie décadente de la musique atonale aux sons destructeurs de l'esprit qui passe pour de la "musique". Cet outil, utilisé pour la première fois en 1950, est l'arme principale de l'arsenal de l'ennemi dans sa guerre contre l'Amérique et continuera à être utilisé pour propager la drogue jusqu'à ce que quelqu'un y mette fin une fois pour toutes !

Pour en revenir au commerce de l'héroïne, les principaux lieux de culture du pavot se trouvent dans le "triangle d'or" de l'Asie du Sud-Est et dans le "croissant d'or", respectivement en Iran, en Afghanistan et au Pakistan.

Il est bon de rappeler que les familles britanniques de la "noblesse" ont fait fortune en expédiant de l'opium des champs d'Afghanistan et du Pakistan vers les consommateurs de Chine, pays dans lesquels elles ont établi, pendant un siècle, les contacts nécessaires qui leur permettent de poursuivre ce commerce de manière sûre et rentable aujourd'hui.

Quant au Moyen-Orient, la majeure partie de l'opium brut transite par le Liban, la Syrie et la Turquie. Après un traitement intermédiaire, il est acheminé vers l'Europe via Francfort. La "mafia de Francfort" s'occupe de la distribution de l'opium, et le célèbre Meyer Lansky (un membre important du syndicat du crime, aujourd'hui décédé) était la cheville ouvrière de cette opération. À la mort de Lansky, le poste a été confié au général israélien Ariel Sharon, qu'il a occupé jusqu'à sa mort. Sharon entretenait des liens très forts avec des pays "producteurs" comme la Bolivie et le Pérou, tous deux grands producteurs de la feuille de coca dont est tirée la cocaïne. Le Liban a été envahi pour être divisé en fiefs et, comme je l'ai révélé dans un de mes rapports, Rifaad Assad, frère du président syrien Hafez Assad, a d'abord été assigné à résidence puis banni de Syrie en raison des accords "privés" qu'il passait avec Sharon. L'expulsion de Rifaad Assad de Syrie est devenue une affaire d'État, mais la véritable raison de cette expulsion — des infractions liées à la drogue — n'a jamais été rendue publique.

Des rapports secrets du Sénat indiquent que le département d'État américain n'a pas suivi la directive du président Reagan selon laquelle les pays producteurs de drogue devaient être réprimandés. Cela ne devrait pas être une surprise, étant donné le contexte et le contrôle exercé par Chatham House par l'intermédiaire de l'agent britannique George Shultz, l'ancien secrétaire d'État nommé par le président G.H.W. Bush, un ancien chef titulaire de l'Establishment libéral oriental qui a des liens très forts avec le commerce de la drogue.

Les pays producteurs de drogue considèrent que le problème de la drogue est américain et que tant qu'il y a une demande américaine de drogue, les pays producteurs ne font que répondre à cette demande. Ce point de vue néglige totalement le fait qu'en Chine, à l'origine, il n'y avait pas de demande d'opium, jusqu'à ce qu'elle soit "créée" par les mêmes familles "nobles" sans scrupules qui ont ensuite répondu au "besoin" et fourni l'opium. Certains sénateurs sont d'avis que le moyen de mettre un terme à ce commerce est de "légaliser" les drogues, à commencer par la marijuana et la cocaïne. Bien entendu, ils s'empressent d'ajouter qu'il doit s'agir de petites quantités pour un usage privé uniquement.

Cela équivaut à combattre un incendie en y versant de l'essence ! Ces mêmes personnes ont mis en place des armées privées au Pérou, en Bolivie et en Colombie pour protéger leurs énormes investissements dans le commerce de la drogue dans ces pays. La sénatrice Paula Hawkins de Floride l'a confirmé, ainsi que des sources d'information privées, qui ne peuvent évidemment pas être nommées. En Bolivie, en Colombie et au Pérou, ces armées privées bien armées ont livré des batailles rangées aux troupes gouvernementales et les ont souvent vaincues !

En conséquence, les bandits ont maintenant un contrôle total dans les zones de "culture" et les agents du gouvernement doivent obtenir la permission de pénétrer dans ces zones ! Naturellement, la permission n'est jamais donnée et les agents gouvernementaux qui pénètrent dans la "zone d'exclusion" le font au risque d'être assassinés, comme c'est le cas pour beaucoup d'entre eux. La sénatrice Hawkins était tout à fait favorable à la suppression de "l'aide étrangère" aux pays en infraction et a annoncé son intention de le faire. La sénatrice Hawkins était présidente de la commission sénatoriale sur l'alcoolisme et la toxicomanie, mais elle a rapidement perdu son poste lorsqu'elle est devenue trop insistante. Mme Hawkins s'est heurtée à une très forte opposition au sein du département d'État, qui considère que l'"aide étrangère" relève strictement de sa compétence et qu'il ne faut pas s'en mêler. Depuis 1946, lorsque David Rockefeller a institué ce don insidieux de l'argent des contribuables américains et que le CFR l'a inscrit dans les textes de loi, le département d'État a adopté une attitude de non-intervention en ce qui concerne l'escroquerie de l'aide étrangère. L'ancien secrétaire d'État adjoint par intérim chargé des stupéfiants, Clyde D. Taylor, a présenté la position du département d'État comme suit :

> Nous devons garder le problème de la drogue en perspective — nous avons d'autres intérêts diplomatiques dans ces pays, et si nous nous les aliénons à cause de la drogue, nous pourrions le regretter lorsque nous aurons besoin d'eux quelques années plus tard pour autre chose. L'idée de révoquer l'aide étrangère n'est pas aussi simple qu'il n'y paraît. Nous n'avons pas autant d'influence que vous pourriez le penser.

Quel aveu !

Néanmoins, malgré l'opposition du Département d'État contrôlé par les Britanniques, certains progrès, du moins sur le papier, ont été réalisés au cours des cinq dernières années. Des accords de contrôle des drogues ont été négociés avec le Pakistan, la Bolivie, le Pérou, le Mexique et la Colombie, mais sur des bases très étroites.

En ce qui concerne le Pakistan, la plus grande route commerciale d'opium brut au monde, il est douteux que l'accord ait un quelconque effet sur le flux d'opium vers l'Amérique, car les chefs militaires et les autres forces de l'ordre s'opposent à tout contrôle réel. Ali Bhutto, l'ancien président du Pakistan, était le seul à s'opposer activement au commerce de la drogue sous la protection des militaires et a été assassiné par le général Zia ul Haq qui lui a succédé. Bhutto s'était pleinement engagée à éradiquer le commerce de la drogue au Pakistan, et sa position ferme contre la drogue a sans doute conduit à sa mort. Ne vous attendez donc pas à un ralentissement du commerce de l'opium au Pakistan. Il se poursuit même si le procureur général des États-Unis, William French Smith, s'est rendu au Pakistan et a personnellement appelé le gouvernement à y mettre fin avec l'aide substantielle des États-Unis. La réponse du président ul Haq a été d'avertir William French Smith de quitter le Pakistan, car il était incapable de garantir sa sécurité personnelle. Depuis lors, aucun procureur général américain ne s'est rendu au Pakistan.

De l'autre côté du monde, le premier producteur de cocaïne est la Colombie, bien qu'il semble, grâce à la découverte récente de nouvelles plantations de coca au Brésil, qu'elle risque de perdre sa place au profit du Brésil.

La cocaïne est classée comme "ne créant pas d'accoutumance" et plusieurs éminents médecins à la solde des marchands de drogue ont déclaré qu'elle n'avait aucun effet nocif durable. Mais tout a changé lorsqu'un médecin courageux a déclaré au *New York Times* que les tests effectués sur la cocaïne montrent qu'à long terme, les consommateurs subissent de graves dommages au cerveau. Selon les statistiques de la DEA que j'ai consultées, 75% de la cocaïne et 59% de la marijuana qui arrivent en Amérique proviennent de Colombie.

La Bolivie en produit 10%, tout comme le Pérou, le Mexique produisant 9% de la marijuana. La marijuana cultivée localement représente 11% du marché, dont 9% en provenance de la Jamaïque.

La "fabrication" de la cocaïne est un processus relativement simple. La plante dont est tirée la feuille pousse à l'état sauvage, mais de nos jours, elle est également cultivée dans des plantations. Les feuilles sont arrachées de la brousse par une main-d'œuvre paysanne locale bon marché, placées sur des bâches et ensuite estampillées, après quoi on verse du kérosène et du carbonate de calcium sur les feuilles partiellement écrasées, ce qui fait apparaître une pâte blanche. On ajoute ensuite de l'acide sulfurique et le mélange est filtré, après quoi on ajoute un produit chimique mortel, l'acétone, et on laisse sécher le mélange. Certains ajoutent du vin blanc au mélange, qui, après un certain temps, se transforme en une poudre cristalline blanche pure — la cocaïne. Il faut environ 300 livres de feuilles de coca pour produire une livre de cocaïne. Le coût de la main-d'œuvre et de la matière première est si bon marché que des profits allant jusqu'à 5000% sont habituels au stade de producteur primaire.

Le commerce de la drogue en Colombie était, jusqu'à une date récente, entièrement protégé par l'armée, le système judiciaire et les banques, mais cela a pris fin lorsque le président Betancourt a pris ses fonctions en 1991. Les officiers militaires dissidents qui avaient l'habitude de tirer de gros profits de leur part du commerce de la cocaïne et qui n'étaient pas prêts à soutenir le programme anti-drogue de Betancourt se sont vus retirer leur grade et leur poste. Mais depuis le départ de Betancourt, les choses sont revenues à la "normale". La plupart de l'argent provenant de ce commerce se retrouve dans les banques de Floride et dans les banques suisses. La presse suisse est même allée jusqu'à critiquer ouvertement le président Betancourt, affirmant que sa politique anti-cocaïne porterait un coup sévère à l'économie colombienne et coûterait cher au pays en devises étrangères. Il s'agit bien sûr d'un gros mensonge, puisque la plupart des "devises" ne retournent jamais en Colombie, mais finissent dans les coffres des banques suisses. Pas étonnant que les banquiers suisses n'aient pas apprécié la position anti-cocaïne de Betancourt !

Des éléments de l'Église gnostique se sont fermement rangés contre Betancourt. En Colombie, les guérillas du MI9 (connues sous leur acronyme espagnol FARC) nient que la plupart de leurs revenus proviennent de sources liées à la drogue. Betancourt a obtenu du chef, le Dr Carlos Toledo Plata, qu'il signe un accord avec le gouvernement colombien, ce qui a permis une trêve des combats, mais Plata n'a pas tardé à être assassiné par les marchands de drogue.

Peu après ce meurtre, deux voyous montés sur une moto ont abattu le ministre colombien de la Justice, Rodrigo Lara Bonilla, dans l'après-midi du 30 avril 1984. Les deux hommes se sont enfuis dans la capitale de la drogue, Santa Marta, où ils sont protégés par les armées privées de l'armée révolutionnaire des FARC. Les deux meurtres ont été vus d'un bon œil par les marchands de drogue, qui ont beaucoup à perdre si la Colombie parvient à éradiquer son trafic de drogue. L'ancien président Lopez Michelson était fortement impliqué dans le trafic de cocaïne avant d'être évincé. Il a fui le pays à la suite d'un projet d'enlèvement avorté d'un député anti-drogue et s'est caché à Paris. Son cousin Jamie Michelson Urbane garde une grosse somme d'argent à Miami.

Michelson a eu de gros ennuis pour avoir suggéré que le gouvernement colombien négocie un accord avec les marchands de drogue.

Le banquier de l'argent de la drogue Urbane, autrefois président de la Banco de Colombia, s'est enfui à Miami le jour même où deux de ses directeurs ont été arrêtés par Betancourt en vertu du décret numéro 2920. L'ordre donné à l'armée de commencer à pulvériser du paraquat (un agent chimique qui défolie les plantes et les buissons) dans tous les champs où poussent des plantes servant à fabriquer de la drogue a été un coup dur pour les barons des marchands de drogue et pour ceux qui profitaient le plus de l'argent de la cocaïne, les oligarques de la noblesse noire d'Europe.

En démontrant son intention d'écraser le commerce de la drogue, Betancourt n'a pas fait que de la rhétorique et a fait face à une grave menace d'assassinat. Personne ne devrait croire que les barons de la drogue et les membres de la "noblesse" d'Europe prendraient les attaques contre leur commerce à la légère.

Je me souviens bien que lorsque des fonctionnaires américains ont approché leurs homologues britanniques lors d'une réunion très secrète tenue à Cambridge, en Angleterre, en 1985, pour leur demander de l'aide dans la lutte contre le trafic de drogue aux Bahamas, ils se sont vu refuser toute aide ou information. Cela ne surprendra personne connaissant les Bahamas, où l'ensemble du gouvernement est impliqué dans le commerce de la drogue dirigé par certaines loges maçonniques d'Angleterre, et où les recettes sont blanchies par la Banque Royale du Canada. (N'oubliez pas que le Canada n'est qu'un avant-poste de la famille royale britannique et non un pays dans le même sens que l'Amérique).

Certaines des principales banques américaines installées dans des pays comme le Panama facilitent le flux d'argent — actuellement estimé à 550 millions de dollars par an — en servant de canaux commodes pour des personnes haut placées en Grande-Bretagne, au Canada et aux États-Unis. On se souviendra que le général Manuel Noriega a eu des ennuis lorsqu'il a soulevé le couvercle de l'une des banques Rockefeller au Panama impliquée dans le blanchiment de l'argent de la drogue, croyant à tort qu'il exécutait les souhaits de la DEA américaine. Les banques ne sont pas les seules à protéger et à abriter ce commerce lucratif. Le Fonds Monétaire International (FMI) joue un rôle de plus en plus important dans ce commerce. Il existe de nombreuses preuves montrant que le FMI protège le commerce de la drogue depuis 1960, mais surtout en ce qui concerne les institutions britanniques de premier plan et les familles "nobles" qui les dirigent.

En Angleterre, il est parfaitement légal de consommer des drogues, mais pas de les commercialiser. Cela est conforme aux politiques du FMI qui, en ce qui concerne la Colombie, considère que ce pays a le droit de gagner des devises étrangères en exportant des stupéfiants là où la demande existe. Cette position s'appuie sur le fait que les revenus générés par les stupéfiants aident à rembourser les prêts du FMI, ce qui est absolument faux. Le département des banques centrales du FMI travaille exclusivement avec des banques offshore qui reçoivent d'importants dépôts en espèces provenant du commerce de la drogue.

Après l'assassinat brutal et flagrant du ministre colombien de la Justice, Rodrigo Lara Bonilla, les "relations" du FMI et du Club de Rome ont paniqué et ont commencé à prendre leurs distances avec les "troupes" du M19, car Betancourt a mobilisé avec colère toutes les réserves disponibles, qualifiant ce meurtre de "tache sur le nom de la Colombie". S'adressant directement au public, Betancourt a appelé tous les citoyens à l'aider dans sa lutte contre les trafiquants, affirmant que "la dignité nationale est prise en otage par ces trafiquants."

L'Église catholique a été invitée à se joindre à la lutte et a accepté de soutenir le président, seul l'ordre des Jésuites restant à l'écart. Le président Reagan aurait bien fait d'imiter la tactique de Betancourt, et je crois qu'il aurait reçu un soutien populaire d'une ampleur inégalée. Mais, malheureusement, Reagan ne l'a pas fait. Il est gratifiant de constater que, bien que les jésuites et les gnostiques aient joint leurs forces à celles des guérilleros du M19 pour perturber les activités de l'organisation.

Malgré les efforts de lutte anti-drogue de Betancourt, ils n'ont que peu progressé, en dépit de la puissante "main cachée" qui soutenait leurs tactiques perturbatrices combinées. Betancourt a accordé à la DEA le droit d'entrer en Colombie et de pulvériser du paraquat sur les plants de drogue. Il a également accédé à plusieurs demandes d'extradition de trafiquants de drogue colombiens de premier plan sur lesquels les États-Unis cherchent depuis longtemps à mettre la main. Mais jusqu'à présent, les États-Unis n'ont pas rendu la pareille et n'ont pas renvoyé Michelson Urbane en Colombie.

Lors de sa visite en Colombie, la sénatrice Hawkins a loué les efforts déterminés du président colombien pour déraciner les marchands de drogue. Mais mes sources m'ont dit qu'en dépit d'un ralentissement notable de l'acheminement de la cocaïne vers l'Amérique, attesté par une forte augmentation de son prix, cela ne signifie pas que les maîtres de la drogue ne ripostent pas. Il existe des preuves qu'ils ont étendu leurs activités en Argentine et au Brésil pour obtenir de nouveaux sites de plantation de coca.

Certains responsables colombiens, qui ne sont pas entièrement acquis au président Betancourt, ont affirmé qu'ils ne pouvaient pas pénétrer dans les sites reculés de la jungle où opèrent les trafiquants. La question est la suivante : si les trafiquants de drogue peuvent y pénétrer, pourquoi les forces anti-drogue du gouvernement ne peuvent-elles pas faire de même ? Il est urgent de s'attaquer à ces sites de plantation, car des preuves ont été apportées montrant que des champs expérimentaux de pavot à opium (dont on tire l'héroïne) poussent dans ces régions reculées "impénétrables", selon John T. Cassack, du House Select Committee on Narcotics Abuse and Control.

"Los grandes mafioses" ont parcouru un long chemin depuis 1970, date à laquelle elles ont vraiment commencé à faire bouger les ventes de cocaïne aux États-Unis. En 2006, elles ont commencé à utiliser des flottes de bateaux, d'avions, d'hélicoptères et une armée privée lourdement armée. Ils ont pris soin de se comporter en bienfaiteurs publics, finançant de nombreux projets publics. L'opinion publique les voit comme des "opérateurs intelligents" profitant d'un problème purement américain, une insatiable demande américaine de cocaïne et de marijuana. L'un des seigneurs, Pablo Escobar Gavira, a versé d'énormes sommes d'argent pour améliorer les bidonvilles, un programme administré par les Jésuites qui ont toujours favorisé l'immensément riche Gavira.

Gavira a un jour dépensé 50 000 dollars pour le mariage de sa fille et s'est fait élire député au Parlement, obtenant ainsi l'immunité parlementaire contre toute arrestation. Il a été recherché par les autorités américaines de la DEA pendant des années. Mais après que le ministre de la Justice Lara a été abattu de 22 balles d'une mitraillette Uzi, un grand dégoût a envahi le peuple colombien. Ils se sont retournés contre "los grandes mafioses" et les choses ont commencé à bouger. Même les Jésuites ont pris leurs distances avec Gavira. La juridiction sur les affaires liées à la drogue ayant été transférée aux militaires, les nombreux juges qui avaient l'habitude d'assister aux fêtes sompteuses données par les marchands de drogue ont été dépouillés de leur ancien pouvoir. L'évêque Dario Castrillon a également tenté de nier ses liens avec les marchands de drogue, affirmant que l'argent qu'il recevait d'eux servait à construire des églises. La corruption des juges n'est plus acceptable, et les tribunaux militaires créés pour juger les affaires de drogue ne peuvent être atteints par les corrupteurs.

Même la puissante famille Ochoa s'est mise à l'abri, mais même leur homme, le président Lopez Michelson, était en difficulté. Ochoa l'a appelé au Panama, où il consultait d'autres grands trafiquants de drogue, pour le prévenir des arrestations massives qui avaient lieu dans son pays. Par ailleurs, Gavira et les trois frères Ochoa, qui représentaient une centaine de grands trafiquants de drogue, sont allés demander de l'aide à Michelson, qui ne leur a pas répondu. Cependant, les gangsters n'avaient pas fini. Dans un développement étonnant, les Ochoa ont rencontré le procureur général colombien Carlos Jimenez Gomez au Panama. Pour une raison quelconque, Gomez n'a pas informé les autorités américaines de cette rencontre. S'il l'avait fait, les agents américains de la DEA auraient pu procéder à de nombreuses arrestations au Panama ! L'ambassadeur américain, Alexander Watson, n'a pas été informé de la réunion par Gomez jusqu'à deux mois après l'événement. Cela soulève une autre question. Puisqu'il est connu que les agents anti-drogue américains suivent de près tous les principaux marchands de drogue colombiens, comment est-il possible que ces agents n'aient pas été au courant de la réunion à Panama ? La main cachée, les familles puissantes d'Amérique et d'Europe, les banquiers suisses, le FMI et le Club de Rome, les maçons de la loge P2 et probablement le CFR, semblent être intervenus à ce stade.

Les Ochoas ont remis un mémo de 72 pages au procureur général, proposant de démanteler toute l'opération cocaïne en Colombie en échange de l'autorisation de retourner en Colombie sans crainte d'être arrêtés. Le mémo a été remis aux autorités américaines qui ont répondu qu'elles ne faisaient pas de marchés avec des criminels. Quant au procureur général Gomez, son excuse peu convaincante pour avoir rencontré les barons de la drogue sans en informer son gouvernement à l'avance était qu'il s'était rendu au Panama pour d'autres affaires (qu'il a omis de préciser) et qu'il avait rencontré les Ochoas par hasard. Gomez n'a pas expliqué pourquoi il n'a pas immédiatement téléphoné au président Betancourt pour l'informer de ce qui se passait. La vérité est que Gomez agissait sur les ordres de la "main cachée" du cartel de la drogue colombien. En Colombie, le procureur général est nommé par le Congrès et n'est pas tenu de répondre au président. Mais de nombreux membres du Congrès ont été profondément irrités par les actions étranges de Gomez et ont demandé sa démission, qu'il a refusée.

Escobar Gavira a commencé à opérer à partir du Nicaragua sous la protection de prêtres jésuites du gouvernement sandiniste. Des photographies prises secrètement montrant Gavira et ses hommes en train de charger de la cocaïne dans un avion dans ce pays m'ont semblé tout à fait authentiques, mais elles n'étaient pas datées. S'agissait-il d'une indication que le gouvernement nicaraguayen de l'époque, dominé par les jésuites, s'était joint à la guerre de la drogue contre l'Amérique ? Pourtant, la majorité des députés et les membres du Sénat ont toujours refusé d'accorder au président Reagan l'autorité dont il avait besoin pour renverser le gouvernement sandiniste.

> ➤ La question est de savoir pourquoi "nos" représentants s'opposent à tout effort visant à se débarrasser du gouvernement jésuite-communiste du Nicaragua.

> ➤ Plus encore, pourquoi tant d'entre eux ont-ils voté en faveur de l'"aide étrangère" et des "prêts" pour le Nicaragua ?

> ➤ Pourquoi les sénateurs de Concini et Richard Lugar ont-ils voté pour donner aux sandinistes communistes l'argent de nos impôts ?

> ➤ Pourquoi soutenir des gens comme Manuel de Escoto, qui a la réputation non seulement d'aider les trafiquants de drogue à faire entrer leurs dangereuses cargaisons en

Amérique, mais de faire le tour du monde pour attaquer l'Amérique à chaque occasion possible ?

Tant que le pouvoir de la main cachée, le Club de Rome-CFR — l'Establishment oriental trilatéral et leurs alliés haut placés ne seront pas exposés, l'Amérique ne pourra pas et ne gagnera pas cette terrible guerre. Tous nos efforts n'aboutiront à rien. Tant que le gouvernement américain n'insistera pas auprès du Panama pour qu'il mette fin aux importations énormes de ce que j'appelle les produits chimiques pour la drogue, le commerce de la cocaïne en Colombie ne sera pas éradiqué.

Que fait le Panama avec d'énormes quantités de kérosène, d'éther et d'acétone ? Ces produits chimiques, comme chacun sait, ne sont pas autorisés à être importés directement en Colombie. Il est donc évident que les importations du Panama sont transbordées indirectement et illégalement en Colombie.

Depuis que ce texte a été écrit en 2003, la Colombie a été forcée de devenir de plus en plus un état de drogue totale. Les guérillas sont devenues beaucoup mieux organisées, grâce à trois facteurs :

> ➤ La prise de contrôle du Panama, qui a entraîné une augmentation de 65% des drogues entrant dans la zone du canal de Panama.

> ➤ Blanchiment d'argent facile par les banques du Panama.

> ➤ Soutien accru aux guérilleros du MI9 fourni par Castro.

Ainsi, des armes de meilleure qualité parviennent désormais au MI9 en plus grandes quantités, et les réserves d'argent liquide augmentent, ce qui favorise l'expansion du trafic de drogue en Colombie. Pablo Escobar a été "arrêté" lors d'un raid très médiatisé sur sa luxueuse maison et son complexe, mais des rapports récents des services de renseignements affirment qu'après un court séjour dans une prison américaine, il a été emmené hors des États-Unis.

Lorsque je faisais des recherches dans mes centaines de cahiers de sténographie sur ce sujet essentiel, je suis tombé sur des statistiques intéressantes que j'avais notées dans mon travail d'investigation à Londres. Il s'agit du fait qu'en 1930, le capital britannique investi en Amérique du Sud a largement dépassé le total de ses investissements dans les soi-disant "dominions". Le 30 novembre, un certain M. Graham, une autorité en la matière, a déclaré que les investissements britanniques en Amérique du Sud "dépassaient un trillion de livres". C'était en 1930, et à l'époque, c'était une somme faramineuse. Quelle était la raison pour laquelle les Britanniques ont investi si lourdement en Amérique du Sud ? La réponse tient en un mot : DROGUES.

La ploutocratie qui contrôlait les banques britanniques tenait les cordons de la bourse et, hier comme aujourd'hui, affichait une façade des plus respectables. Personne ne les a jamais surpris avec les mains sales ; ils ont toujours eu à leur disposition des hommes de paille et des laquais volontaires prêts à endosser la responsabilité. Hier comme aujourd'hui, les liens sont toujours des plus ténus. Personne n'a jamais pu mettre le doigt sur les respectables familles bancaires "nobles" de Grande-Bretagne, ni à l'époque ni aujourd'hui. Mais il y a une grande signification dans le fait que 15 membres du Parlement étaient les contrôleurs de ce vaste empire en Amérique du Sud, y compris la famille Chamberlain et la famille de Sir Charles Barry.

Les seigneurs de la finance et de la respectabilité britannique, qui se vantent toujours de l'oppression en Afrique du Sud, où les Noirs ont les meilleures conditions de toute l'Afrique, étaient également très occupés dans des endroits comme Trinidad et la Jamaïque, où ils tenaient également les rênes du commerce de la drogue. Dans ces pays, les ploutocrates des familles respectables de l'aristocratie britannique ont maintenu les Noirs à un niveau à peine supérieur à celui de l'esclavage, tout en se versant de jolis dividendes. Bien sûr, ils se cachaient derrière des entreprises respectables comme Trinidad Leaseholds Ltd. (une compagnie pétrolière), mais la véritable poule aux œufs d'or était et est toujours dans le commerce de la drogue.

Il y a peu de temps encore, le commerce de l'opium en Chine n'était pas un sujet bien connu. Il avait été aussi bien dissimulé qu'il était possible de le faire. Nombre de mes étudiants venaient me voir pour me demander pourquoi les Chinois étaient si friands d'opium. Ils étaient perplexes face aux récits contradictoires sur ce qui s'était réellement passé en Chine. Certains pensaient qu'il s'agissait simplement d'un cas où les ouvriers chinois achetaient de l'opium sur place et le fumaient dans une fumerie d'opium. J'ai fait de mon mieux pour éclairer ces esprits curieux.

La vérité est que le commerce de l'opium en Chine était un monopole britannique soumis à la politique officielle britannique. Le commerce indo-britannique de l'opium en Chine est l'un des secrets les mieux gardés et l'un des chapitres les plus ignobles de l'histoire du colonialisme européen. Les statistiques montrent que près de 13% des revenus de l'Inde sous la domination britannique provenaient de la vente d'opium aux toxicomanes chinois. Les toxicomanes ne sont pas apparus de nulle part ; ils ont été créés. En d'autres termes, un marché de l'opium a d'abord été créé parmi les Chinois, puis la "demande" a été satisfaite par l'oligarchie britannique, les propriétaires des différentes banques de Londres.

Ce commerce lucratif est l'un des pires exemples d'exploitation de la misère humaine et constitue un témoignage unique des affaires sales menées par la City de Londres, qui reste aujourd'hui encore le centre des "affaires sales" du monde financier. Bien sûr, vous doutez de cette affirmation : "Regardez le *Financial Times*", dites-vous, "il est rempli d'affaires légitimes". Bien sûr que oui, mais vous ne pensez pas que les nobles aristocrates vont annoncer la véritable source de leurs revenus dans le *Financial Times*, n'est-ce pas ?

Les Britanniques n'ont pas fait de publicité sur le fait que l'opium était expédié des vallées de Bénarès et du Gange en Inde vers la Chine, où il était partiellement transformé dans le cadre d'un monopole administré par l'État, une administration qui n'existait que pour superviser le commerce de l'opium. Vous ne vous attendiez pas à lire cela dans le *London Times* de l'époque, n'est-ce pas ?

Pourtant, ce commerce est mené depuis 1652 par l'illustre East

India Company, au conseil d'administration de laquelle siégeaient les plus importants membres de l'aristocratie britannique. Ils étaient d'une espèce supérieure au troupeau commun de l'humanité. Ils étaient si hauts et puissants qu'ils croyaient que même Dieu venait leur demander conseil lorsqu'il avait un problème au paradis ! Plus tard, la Couronne britannique s'est associée à cette scélérate East India Company et l'a utilisée pour produire de l'opium au Bengale et ailleurs en Inde et contrôler les exportations par le biais de ce qu'elle appelait les "droits de transit", c'est-à-dire une taxe prélevée sur tous les producteurs d'opium, dûment enregistrés auprès des autorités de l'État, qui envoyaient leur production en Chine. Avant 1885, alors que l'opium était encore "illégal" (il s'agissait simplement d'un mot utilisé pour un tribut plus important de la part des producteurs d'opium — il n'y a jamais eu de tentative d'arrêter ce commerce) des quantités absolument colossales d'opium ont été expédiées en Chine. Les Britanniques étaient devenus si audacieux qu'au loin, à l'autre bout du monde, ils ont essayé de vendre aux armées de l'Union et des Confédérés cette substance mortelle sous forme de pilules. Pouvez-vous imaginer ce qu'il serait advenu de l'Amérique si le plan avait réussi ? Chaque soldat ayant survécu à cette terrible tragédie aurait quitté le champ de bataille, complètement accro à l'opium.

Les marchands et les banquiers du Bengale s'engraissaient et se satisfaisaient des énormes sommes d'argent qui affluaient dans leurs coffres grâce à ce commerce d'opium du Bengale acheté par la British East India Company (BEIC). C'est pourquoi leurs bénéfices étaient de l'ordre de ceux réalisés par le numéro un des médicaments, Hoffman La Roche, le même Hoffman La Roche qui fabrique notamment le LSD. Hoffman La Roche invoque la loi suisse sur l'espionnage industriel à l'encontre de quiconque ose dénoncer son avidité rapace, de sorte qu'il faut être prudent lorsqu'on exprime une opinion.

En tout cas, Hoffman La Roche fabrique un médicament couramment utilisé, le Valium. Il leur coûte environ 3,50 $ par 2,5 livres. Ils le vendent 20 000 dollars le kilo, et le temps que le public américain, qui utilise le Valium en quantités astronomiques, se le procure, le prix est de 50 000 dollars le kilo ! Hoffman La Roche fait à peu près la même chose avec la vitamine C, sur laquelle il a un monopole similaire. Sa production lui coûte environ 1 cent par kilo et elle la vend avec un bénéfice de l'ordre de dix mille pour cent.

Lorsqu'un brave homme du nom d'Adams, qui a travaillé pour eux, a révélé cette information à la Commission Économique Européenne (Commission des monopoles de la CEE), il a été arrêté et maltraité par la police suisse qui l'a maintenu à l'isolement pendant trois mois. Puis il a été renvoyé de son travail et de la Suisse, perdant sa pension et tout le reste. En tant que ressortissant britannique, il a continué à se battre contre Hoffman La Roche. Souvenez-vous de cela la prochaine fois que vous verrez ces hommes d'affaires suisses si corrects et polis. La Suisse ne se résume pas aux pistes de ski alpin et à l'air pur sous un ciel bleu. Son secteur bancaire est depuis longtemps soupçonné de prospérer grâce au commerce de la drogue, légale et illégale, et aux énormes profits réalisés par les hommes de tête du commerce de la drogue, ces chiens de l'enfer. L'image "propre" de la Suisse commence à être ternie quand on tire le coin des couvertures. Lorsqu'elle était Premier ministre, Mme Thatcher a fait le tour des postes de douane britanniques à l'aéroport londonien de Heathrow. Son but était de donner aux agents des douanes un "discours d'encouragement" sur la lutte contre la menace de la drogue. Quelle hypocrisie ! Le principal journal conservateur britannique a tourné en dérision les efforts de Mme Thatcher, mais ne l'a pas traitée d'hypocrite, ni divulgué la vérité sur les responsables de la menace.

"Oh," dites-vous, "mais les Américains et les Britanniques ont fait quelques saisies de drogue notables récemment." Oui, mais cela représente 0,0009% de la valeur totale des drogues disponibles sur le marché. C'est ce que les grands marchands de drogue et leurs respectables banquiers appellent "une partie du coût des affaires". Quiconque a assisté aux funérailles d'un jeune toxicomane — et il y en a beaucoup chaque jour — ne peut qu'être ému par les remarques du Premier ministre sur les problèmes de drogue auxquels la Grande-Bretagne est confrontée. Personne n'était susceptible d'être choqué par sa sévérité à l'égard des dealers. "Nous sommes après vous", a-t-elle déclaré. "Nous vous poursuivrons sans relâche".

Mme Thatcher :

"L'effort sera de plus en plus grand jusqu'à ce que nous vous battions. La sanction sera de longues peines de prison. La sanction sera la confiscation de tout ce que vous avez obtenu grâce à la contrebande de drogue. Les Britanniques seront également nombreux à rejeter les appels lancés depuis l'étranger pour aider les Britanniques pris en flagrant délit de trafic de drogue, notamment celui d'un jeune Britannique condamné à mort en Malaisie pour avoir tenté de faire passer de l'héroïne par l'aéroport de Penang. Il ne sert à rien de faire appel à nous. Dans toute la Malaisie, vous trouverez des affiches indiquant que la peine pour le trafic de drogue est la mort."

C'est bien, mais il faudrait alors l'appliquer à tous ceux qui se trouvent au sommet de l'aristocratie anglaise avec la même force. Lorsqu'un jeune Britannique a été exécuté en Malaisie pour trafic de drogue, il aurait dû en être de même pour la moitié des personnes figurant dans le Peerage de Debretts (une liste de la haute société des familles anglaises titrées). Qui Mme Thatcher pensait-elle être affecté par sa nouvelle position "dure" ? Pensait-elle que les grandes familles de Hong Kong, les Keswicks et les Mathesons, seraient intimidées par sa rhétorique ? Ses paroles ont peut-être eu pour effet d'effrayer un peu de menu fretin, mais le gros poisson lisse a échappé à son filet et le menu fretin qui a été attrapé a rapidement été remplacé par des milliers d'autres, désireux de prendre leur place.

La menace de la drogue ne sera pas combattue au niveau du coin de la rue. En ce qui me concerne, et selon mon opinion, fondée sur mes années de recherche sur le sujet, le commerce de la drogue, du moins en Grande-Bretagne, est dirigé par les personnes les plus haut placées dans la hiérarchie britannique, qui ont même recours à des institutions telles que le Vénérable Ordre de Saint-Jean de Jérusalem.

En 1931 déjà, les directeurs généraux des cinq grandes sociétés anglaises étaient récompensés en étant nommés pairs du royaume. Qui choisit les honneurs accordés aux dirigeants de l'échelon supérieur de l'industrie pharmaceutique ? En Angleterre, c'est la reine Elizabeth Guelph, plus connue sous le nom de chef de la Maison de Windsor. Les banques impliquées dans ce commerce sont trop nombreuses pour être énumérées, mais quelques-unes des principales sont la Midland Bank, la National and Westminster Bank, la Barclays Bank et, bien sûr, la Banque Royale du Canada.

De nombreux soi-disant "banquiers d'affaires" de la City de Londres sont impliqués jusqu'au cou dans le trafic de drogue, de vénérables institutions financières telles que Hambros par exemple. Permettez-moi d'être plus précis et de citer des noms illustres comme la famille de Sir Anthony Eden.

Selon les documents secrets que j'ai vus, et selon mes meilleures analyses de ces documents, la famille Eden se serait qualifiée pour la "liste des honneurs" de Mme Thatcher. Si l'on pouvait examiner les archives de l'India Office à Londres comme j'ai eu la chance de le faire, je crois qu'il deviendrait évident qu'il n'y a pas d'autre conclusion à tirer. Je suis profondément redevable au dépositaire des papiers de feu le professeur Frederick Wells Williamson pour l'aide et l'assistance qu'il m'a apportées dans mes études de ces documents. Si ces documents étaient rendus publics, quelle tempête éclaterait sur la tête des vipères couronnées en Europe ! Le flot d'héroïne menace d'engloutir le monde occidental. Cette vaste entreprise est dirigée et financée des deux côtés de l'Atlantique — par certains membres de l'establishment libéral anglo-américain.

Qu'est-ce que l'héroïne ?

C'est un dérivé de l'opium, et l'opium, selon le célèbre Galien, est une drogue qui étouffe les sens et induit le sommeil. C'est aussi l'une des drogues qui crée le plus d'accoutumance sur le marché. La graine de pavot, dont est tirée la pâte d'opium, était connue depuis longtemps des Moghols de l'Inde, qui utilisaient des graines de pavot mélangées à des feuilles de thé et servaient ce breuvage à leurs ennemis lorsqu'il n'était pas approprié de leur couper la tête.

Dès 1613, le premier opium est arrivé en Angleterre en provenance du Bengale par l'intermédiaire de la Compagnie des Indes orientales, mais ces importations ne concernaient que les plus petites quantités. Il était impossible d'inciter la bourgeoisie anglaise à consommer cette drogue, raison pour laquelle la Compagnie Britannique des Indes Orientales l'avait importée en premier lieu. Avec un tel échec, l'oligarchie a commencé à chercher un marché qui ne serait pas aussi inflexible, et la Chine a été leur choix.

Dans les documents *The Miscellaneous Old Records of the India Office*, j'ai trouvé la confirmation que le commerce de l'opium a vraiment pris son essor avec l'introduction de la drogue en Chine. Cela est également confirmé dans les documents personnels de Sir George Birdwood, un fonctionnaire de la British East India Company (BEIC). De grandes quantités d'opium furent bientôt expédiées en Chine. Là où la BEIC échouait en Angleterre, elle réussissait au-delà de ses prévisions les plus optimistes parmi les "coolies" de Chine, dont la vie misérable était rendue supportable par la drogue.

Ce n'est qu'en 1729 que la première des nombreuses lois contre la consommation d'opium a été promulguée par le gouvernement chinois et, à partir de ce moment, l'oligarchie britannique a entamé une bataille contre les autorités chinoises, une bataille que les Chinois ont perdue. Les autorités américaines mènent de la même manière une bataille contre les barons de la drogue d'aujourd'hui, et tout comme les Chinois ont perdu leur bataille, les États-Unis sont en train de perdre la bataille en cours.

Lorsque je parle de l'opium du Bengale en Inde, je parle de l'opium fabriqué à partir des gousses de graines du pavot à opium cultivé dans le bassin du Gange. Le meilleur opium provient du Bihar et de Bénarès, et il y a bien sûr beaucoup d'opium de qualité inférieure provenant d'autres régions de l'Inde. Dernièrement, de l'opium d'excellente qualité (si l'on peut appliquer le mot "excellent" à un produit aussi dangereux) sort du Pakistan en très grandes quantités. Les bénéfices de ce vaste commerce ont été connus pendant de nombreuses années sous le nom de "butin de l'Empire".

Lors d'un procès remarqué qui s'est tenu en 1791, un certain Warren Hastings a été accusé d'avoir contribué à enrichir un ami aux dépens de la Compagnie des Indes orientales. La formulation actuelle est intéressante, car elle confirme l'énorme quantité d'argent qui a été faite.

L'accusation portait sur le fait que Hastings avait accordé "un contrat de fourniture d'opium pour quatre ans à Stephen Sullivan Esq. sans faire de publicité pour ce contrat, à des conditions manifestement évidentes et abusives, dans le but de créer une fortune instantanée pour ledit Stephen Sullivan Esq. Comme la Compagnie des Indes Orientales, semi-officielle puis officielle, détenait le monopole, les seules personnes autorisées à faire des "fortunes instantanées" étaient les familles dites "nobles", "aristocratiques" et oligarchiques d'Angleterre. Les étrangers comme M. Sullivan se sont vite retrouvés en difficulté s'ils avaient l'audace d'essayer de les aider à entrer dans le jeu des affaires portant sur plusieurs milliards de livres sterling !

En 1986, j'ai vu une publication provenant de la source la plus douteuse (j'entends par là qu'il s'agissait manifestement d'un produit du troisième département du KGB), qui prétendait montrer que le commerce de la drogue était lié aux mythiques "nazis". L'organisation qui a imprimé le truc est toujours après les nazis. Si un chameau du zoo de New York prenait froid, ce serait la faute des mythiques "nazis".

Cinq années d'enquête, y compris plusieurs conversations personnelles avec l'homme qui était prétendument le chef et le génie organisateur des mythiques comptes bancaires nazis dans des banques suisses, m'ont convaincu que les auteurs des documents imprimés ne faisaient que de la désinformation à bon compte. Les soi-disant "nazis" n'ont absolument rien à voir avec le commerce de la drogue, contrairement aux Britanniques et aux Américains — un fait bien connu de la DEA américaine.

Comme je l'ai déjà fait remarquer à maintes reprises, et il y a encore des sceptiques, l'honorable BEIC, avec sa longue liste de directeurs qui étaient d'honorables membres du Parlement et n'appartenaient qu'aux meilleurs clubs de gentlemen de Londres, s'est occupée du lucratif commerce de l'opium et n'a toléré aucune interférence du gouvernement britannique ou de qui que ce soit d'autre d'ailleurs. Le commerce entre la Grande-Bretagne et la Chine était le monopole de la BEIC. La société avait une petite astuce : la plupart de ses membres, en Inde et dans le pays, étaient également magistrats. Même les passeports émis par la société étaient nécessaires pour débarquer en Chine.

Lorsqu'un certain nombre d'enquêteurs sont arrivés en Chine pour examiner les allégations de commerce d'opium formulées en Angleterre, leurs passeports britanniques ont été rapidement révoqués par les "magistrats" de la Compagnie des Indes Orientales. Les frictions avec le gouvernement chinois étaient courantes. Officiellement, la Chine avait adopté une loi (l'édit de Yung Cheng de 1729) interdisant l'importation d'opium. Pourtant, la Compagnie Britannique des Indes Orientales veille à ce que l'opium figure toujours dans le livre des tarifs douaniers chinois jusqu'en 1753, le droit étant de trois taels par ration d'opium. À cette époque, les services secrets spéciaux du monarque d'Angleterre (les "007" de l'époque) veillaient à ce que les personnes gênantes soient achetées ou, si elles ne pouvaient pas l'être parce qu'elles avaient beaucoup d'argent, tout simplement éliminées.

Le capitalisme colonial britannique a toujours été le principal séjour des systèmes féodaux des oligarques de l'Angleterre, et le demeure jusqu'à ce jour. Lorsque les pauvres fermiers-guérilleros sud-africains, sans instruction et mal équipés militairement, sont tombés dans les mains souillées de drogue de l'aristocratie britannique en 1899, ils n'avaient aucune idée que la guerre cruelle et implacable menée contre eux n'avait été rendue possible que par les incroyables sommes d'argent provenant des "fortunes instantanées" du commerce britannique de la drogue en Chine, qui ont coulé dans les poches des ploutocrates qui ont organisé la guerre. Les véritables instigateurs de la guerre étaient Barney Barnato et Alfred Belt, tous deux originaires d'Allemagne, et Cecil John Rhodes, un agent de la banque Rothschild, une banque inondée par une mer d'argent générée par le commerce de la drogue. Non satisfaits, ils voulaient les richesses de l'or et des diamants qui se trouvaient sous le sol stérile du veld sud-africain. Ces trois hommes ont dépouillé les Boers, propriétaires légitimes de l'or et des diamants, d'une fortune colossale, avec l'aide, l'encouragement et la protection du Parlement britannique.

Les Joel et les Oppenheimer, qui étaient les principales familles impliquées dans l'exploitation minière de l'or et des diamants, sont, à mon avis, les plus grands voleurs qui aient jamais défiguré cette Terre, et je ne m'excuse pas de porter un jugement aussi sévère.

Le Sud-Africain moyen, qui aurait dû bénéficier des milliards et des milliards de dollars d'or et de diamants extraits du sous-sol sud-africain, n'a pratiquement rien reçu de cette immense fortune. En bref, les Sud-Africains ont été spoliés de leur droit de naissance, car contrairement au vrai capitalisme, le système capitaliste babylonien en vigueur en Afrique du Sud ne permet pas le partage de la richesse ; elle ne filtre pas vers ceux qui l'ont gagnée.

Il s'agit du crime du siècle, financièrement parlant, et tout cela a été rendu possible grâce à l'immense fortune provenant du commerce de l'opium, qui a permis à la reine Victoria de financer une grande guerre d'oppression contre les Boers. Il est pratiquement impossible pour un étranger de percer les secrets de l'oligarchie britannique et des familles interdépendantes qui la composent. J'estime que 95% de la population britannique doit se contenter de moins de 20% de la richesse nationale du pays, et c'est ce qu'ils appellent la "démocratie". Pas étonnant alors que les Pères fondateurs de la République américaine aient détesté et méprisé la "démocratie".

Le camouflage que les oligarques ont peint sur eux-mêmes comme une coloration protectrice est très difficile à pénétrer. Néanmoins, il affecte la vie de chaque Américain, puisque ce que la Grande-Bretagne dicte, l'Amérique l'exécute.

L'histoire regorge de tels exemples. Il suffit de regarder la propagande britannique qui a entraîné l'Amérique dans la Première Guerre mondiale par le biais du gros mensonge du naufrage du Lusitania, pour voir à quel point mon affirmation est vraie. Il ne s'agit pas ici de "gentils gentlemen britanniques", mais d'une élite impitoyable qui est déterminée à protéger son mode de vie et qui est inextricablement liée au commerce de la drogue.

La majorité des dirigeants politiques britanniques de quelque importance sont tous des descendants de familles dites titrées, le titre étant transmis à la mort du titulaire au fils aîné. Ce système a permis de camoufler un élément particulièrement étranger qui s'est glissé dans la haute aristocratie. Prenez l'exemple de l'homme qui a dicté la conduite de la Seconde Guerre mondiale, Lord Halifax, l'ambassadeur britannique à Washington. Son fils, Charles Wood, a épousé une Miss Primrose, qui est une parente de la très ignoble Maison Rothschild. Derrière des noms comme Lord Swaythling se cachait le nom de Montague, associé à la reine Elizabeth, actionnaire majoritaire de la Shell Oil Company. On n'ose évidemment rien dire de l'immense fortune qu'elle tire du commerce de la drogue, un commerce qui, comme je l'ai montré, remonte au 18ème siècle.

L'un des principaux acteurs du commerce de l'opium en Chine était Lord Palmerston, qui s'accrochait obstinément à la conviction que le commerce pouvait se poursuivre indéfiniment.

Dans une lettre d'un de ses hommes sur place, un certain M. Elliott a déclaré qu'une quantité suffisante d'opium remise au gouvernement chinois permettrait de créer un monopole. Par la suite, les Britanniques restreindraient les livraisons, obligeant le "coolie" chinois à payer plus cher pour ses doses. Puis, lorsque le gouvernement chinois était à genoux, les Britanniques offraient à nouveau de les approvisionner à un prix plus élevé, conservant ainsi leur monopole par le biais du gouvernement chinois. Mais le plan n'a pas réussi très longtemps. Lorsque le gouvernement chinois a réagi en détruisant d'importantes cargaisons d'opium stockées dans un entrepôt, et que les marchands britanniques ont reçu l'ordre de signer un accord individuel pour ne plus importer d'opium dans la ville de Canton, ils ont riposté en passant des contrats avec diverses sociétés-écrans pour importer en leur nom et il n'a pas fallu longtemps pour que de nombreux navires sur les routes de Macao contiennent des cargaisons complètes d'opium.

Le commissaire chinois Lin a déclaré :

> "Il y a beaucoup d'opium à bord des navires anglais qui se trouvent actuellement sur les routes de cet endroit (Macao) et qui ne sera jamais renvoyé dans le pays d'où il provient. Il doit être vendu ici, sur la côte, et je ne serai pas surpris d'apprendre qu'il est introduit en contrebande sous les couleurs américaines."

Mais passons à l'histoire plus récente de ce commerce infâme, qui s'est élargi pour inclure de vastes quantités de cocaïne, et des drogues produites légalement avec des profits énormes, comme le Valium, et d'autres soi-disant "médicaments sur ordonnance". Les familles oligarques de Grande-Bretagne ont déplacé leur siège social de Canton à Hong Kong, mais sont restées dans le même commerce. Elles y sont encore aujourd'hui en 2009 comme le montre une liste de noms éminents de la colonie.

Comme je l'ai dit dans mes précédents ouvrages, une industrie secondaire découlant du commerce de l'opium a fait de Hong Kong le plus important centre de commerce de l'or au monde. L'or est utilisé pour payer les paysans qui produisent l'opium brut ; après tout, que ferait un paysan chinois avec un billet de 100 dollars américains ? L'opium représente 64% du produit national brut de la Chine, ce qui vous donne une idée de l'ampleur de ce commerce "hors bilan". Officieusement, on estime qu'il est égal au produit national brut (PNB) combiné de cinq des plus petites nations d'Europe, à savoir la Belgique, les Pays-Bas, la République tchèque, la Grèce et la Roumanie.

Le Triangle d'Or est peut-être le principal fournisseur d'opium brut en dehors de l'Afghanistan, bien que sa position soit contestée par le Pakistan, l'Inde, le Liban et l'Iran. Quelle est la place des banques dans ce commerce lucratif ? C'est une histoire très longue et compliquée, qui devra attendre un autre livre. L'un des moyens est la méthode indirecte, par laquelle les banques financent les sociétés-écrans qui importent les produits chimiques nécessaires à la transformation de l'opium brut en héroïne.

La Hong Kong and Shanghai Bank, qui possède une importante succursale à Londres, est au cœur de l'affaire. Une société appelée Tejapaibul effectue des opérations bancaires avec la Hong Kong and Shanghai Bank, affectueusement connue sous le nom de "Hongshang Bank". Que fait cette société ? Elle importe de très grandes quantités d'anhydride acétique, le produit chimique essentiel au processus de raffinage. Cette société est le principal fournisseur d'anhydride acétique du Triangle d'Or. Le financement de ce commerce est confié à une filiale de la Hong Shang Bank, la Bangkok Metropolitan Bank. Ainsi, les activités secondaires liées au commerce de l'opium dans le Triangle d'Or, bien qu'elles ne soient pas aussi importantes que le commerce de l'opium lui-même, apportent néanmoins un revenu très substantiel à ces banques.

On m'a reproché de lier le prix de l'or aux hauts et aux bas du commerce de l'opium. Examinons ce qui s'est passé en 1977, une année critique pour l'or. La Banque de Chine a choqué les amateurs d'or et ces prévisionnistes astucieux que l'on trouve en grand nombre en Amérique, en libérant soudainement et sans avertissement 80 tonnes d'or sur le marché.

Les experts ne savaient pas que la Chine achetait et stockait de l'or depuis longtemps. Cela a fait baisser le prix de l'or. Tout ce que les experts ont pu dire, c'est qu'ils ne savaient pas que la République populaire de Chine possédait autant d'or ! D'où venait l'or ? Il provient du commerce de l'opium, où il sert de "monnaie" à Hong Kong, mais nos génies de la prévision du prix de l'or ne pouvaient pas le savoir !

Les Britanniques ne sont pas les seuls à opérer dans le Triangle d'Or. Des acheteurs importants (ou leurs représentants) se rendent régulièrement à Hong Kong depuis tout l'Occident pour faire des achats. De l'héroïne est expédiée en gros depuis le port de Hong Kong, héroïne qui est destinée à faire son chemin vers l'Occident et à être distribuée lors de concerts de "rock" autoproclamés. La Chine rouge est heureuse de coopérer avec les deux parties dans une entreprise aussi lucrative. D'ailleurs, la politique de la Chine à l'égard de l'Angleterre, en ce qui concerne le commerce de la drogue, n'a guère changé par rapport à ce qu'elle était au 19ème siècle. L'économie chinoise, liée à l'économie de Hong Kong, aurait pris un coup terrible, si un accord n'avait pas été conclu.

L'une des preuves en est le prêt accepté par la Chine auprès de la Standard and Chartered Bank. Depuis lors, la famille Matheson a investi 300 millions de dollars dans un nouveau projet immobilier développé conjointement par la République populaire de Chine et les banques Matheson. Où que l'on regarde dans le centre-ville moderne de Hong Kong, on voit de nouveaux immeubles de grande hauteur, témoignage des liens étroits entre les grandes banques, le commerce de l'opium et la Chine rouge.

Je voudrais citer ce qu'a dit l'ambassadeur vénézuélien aux Nations unies il y a quelque temps, et je pense que c'est une déclaration très bien pensée :

> "Le problème de la drogue a déjà cessé d'être traité comme un simple problème de santé publique ou comme un problème social. Il s'agit d'un problème grave et de grande envergure qui affecte notre souveraineté nationale ; un problème de sécurité nationale, car il porte atteinte à l'indépendance de la nation."

La drogue, dans toutes ses manifestations de production, de commercialisation et de consommation, dénationalise et dénaturalise tout le monde en blessant notre vie éthique, religieuse et politique, nos valeurs historiques, économiques et républicaines. C'est exactement de cette manière qu'opèrent le FMI et la Banque des Règlements Internationaux (BRI). Je dis sans hésiter que ces banques ne sont rien d'autre que des chambres de compensation pour le commerce de la drogue.

La BRI aide tout pays que le FMI veut couler en mettant en place des moyens qui permettent la circulation facile des capitaux en fuite. La BRI ne fait pas non plus de distinction entre les "capitaux en fuite" et l'argent blanchi de la drogue. Même si elle pouvait faire la différence, la BRI ne dit jamais rien, comme l'indique clairement son rapport annuel pour 2005. Pour en revenir à la déclaration de l'ambassadeur du Venezuela, nous constatons que la BRI est en train de dénationaliser sérieusement de nombreux pays en s'immisçant dans leur vie sociale, religieuse, économique et politique, par ses exigences via le FMI. Et si un pays (y compris les États-Unis) refuse de plier le genou, la BRI dit en fait : "Très bien, alors nous allons vous faire chanter avec des dollars narcotiques que nous détenons pour vous en très grandes quantités". Il est facile de comprendre maintenant pourquoi l'or a été démonétisé et remplacé par des "dollars" en papier comme monnaie de réserve mondiale. Il n'est pas aussi facile de faire chanter une nation qui détient des réserves d'or qu'une nation qui détient des "dollars" en papier sans valeur.

Le mini-sommet de la Conférence monétaire internationale qui s'est tenue à Hong Kong et auquel a participé un initié qui est une de mes sources, a traité de cette question précise, et d'après ce qui m'a été rapporté, le FMI est tout à fait certain qu'il peut faire exactement cela — faire du chantage aux nations avec des "dollars dopés", qui ne veulent pas suivre ses conditions.

Rainer E. Gut, du Crédit Suisse, a déclaré qu'il prévoyait une situation dans laquelle le crédit national et le financement national seraient bientôt placés sous une organisation unique. Bien qu'il ne l'ait pas précisé, il est clair que Gut parlait de la BRI dans le cadre d'un gouvernement mondial unique. Je ne veux pas que quiconque ait le moindre doute à ce sujet.

De la Colombie à Miami, de Palerme à New York, du Triangle d'Or à Hong Kong, la drogue est un gros business. Ce n'est pas un commerce de dealer à la sauvette au coin de la rue. Vous savez aussi bien que moi que pour réussir à organiser le plus grand commerce du monde, il faut beaucoup d'argent et d'expertise.

Ces talents ne se trouvent pas dans les métros et aux coins des rues de New York, bien que les revendeurs et les colporteurs fassent partie intégrante et importante du système, même s'ils ne sont que des vendeurs à la petite semaine, facilement remplaçables. Si quelques-uns sont arrêtés, ou tués, quelle importance ? Il y a beaucoup de remplaçants. Non, ce ń'est pas une petite organisation, mais un vaste empire, ce sale business de la drogue. Et par nécessité, il est géré de haut en bas, par les personnes les plus haut placées dans chaque pays qu'il touche.

S'il n'en était pas ainsi, comme le terrorisme international, il aurait été éliminé depuis longtemps — le fait qu'il soit non seulement toujours en activité, mais qu'il se développe, devrait indiquer à tout homme raisonnable que cette activité a ses fondements aux plus hauts niveaux.

Les principaux pays impliqués dans ce commerce, le plus important au monde, sont l'URSS, la Bulgarie, la Turquie, le Liban, les États-Unis et la France, la Sicile, l'Asie du Sud-Ouest, l'Inde, le Pakistan, l'Afghanistan et l'Amérique latine, mais pas par ordre d'importance. Du point de vue du consommateur, les États-Unis, l'Europe et, dernièrement, le Royaume-Uni sont les principaux marchés.

Comme je l'ai indiqué, aucune drogue n'est vendue en URSS, dans les pays du rideau de fer ou en Malaisie. De nombreux pays producteurs, comme la Turquie, appliquent des peines très sévères aux consommateurs de drogue et aux petits revendeurs. Certains pays appliquent même la peine de mort — uniquement pour les petits poissons, pour montrer au monde entier à quel point ils sont "anti-drogues".

L'empire de la drogue se divise en deux "produits", à savoir l'héroïne traditionnelle et la cocaïne, arrivée assez récemment. Il existe une troisième catégorie de drogues fabriquées par des sociétés "légales" telles que la célèbre Hoffman La Roche, qui fabriquent des substances mortelles comme le LSD, le Quaaludes et les amphétamines ; les "stimulants et les dépresseurs" de ce que les gens de la rue appellent "le paradis des poppers". Cet empire est-il une affaire peu structurée ? La réponse semble être un "oui" nuancé. Il y a des exceptions. Kintex, la célèbre société pharmaceutique bulgare, est sans aucun doute une société d'État bulgare. La plupart des banques qui traitent l'argent sale (et elles savent qu'il s'agit d'argent sale) sont des banques multinationales bien connues qui travaillent par le biais d'un réseau de filiales.

La société Kintex, par exemple, possède ses propres entrepôts, des flottes de camions, y compris des véhicules couverts par le traité international du Marché commun (CEE) et un réseau sophistiqué de coursiers, y compris des pilotes et des équipages de compagnies aériennes.

Pour ceux qui ne connaissent pas la CEE, permettez-moi d'expliquer que les véhicules TIR sont des camions Triangle International Routier, clairement marqués de cette manière ; ils sont censés ne transporter que des marchandises périssables. Ils sont censés être inspectés dans le pays de départ par le personnel des douanes de ce pays, et scellés avec un sceau spécial.

En vertu des obligations conventionnelles internationales des pays membres, ces camions ne doivent pas être arrêtés aux frontières et passent toujours sans inspection. Il s'agit de prendre les Bulgares et les Turcs au mot et d'espérer que les camions TIR ne contiennent pas d'héroïne, de cocaïne ou d'opium brut, de haschisch ou d'amphétamines. Le problème est que, dans de nombreux cas, les camions TIR contiennent effectivement de grandes caches de drogue.

Après tout, il est bien connu que les barons de la drogue ne respectent pas les traités internationaux et que, de toute façon, ils peuvent toujours demander à leurs larbins payés dans d'autres pays de substituer des documents dissimulant le fait que le camion TIR provient de Sofia, en Bulgarie.

La seule façon d'empêcher ces énormes quantités d'héroïne et de haschich de passer de l'Extrême-Orient est de mettre fin au système TIR. Mais c'est exactement ce pour quoi il a été mis en place ! Oubliez les marchandises périssables et la facilitation du commerce. Ce n'est que de la fumée aux yeux du monde. Le TIR est synonyme de drogue dans de trop nombreux cas. Rappelez-vous cela la prochaine fois que vous lirez qu'une grosse quantité d'héroïne a été trouvée dans une valise à faux fond à l'aéroport Kennedy et qu'une malheureuse "mule" a été arrêtée. Pour les médias d'information, c'est strictement "de la petite bière".

D'autres régions cultivent le pavot : la Turquie, le Pakistan et l'Iran. Mais comme c'est le cas depuis plus de trois cents ans, la "meilleure" substance provient d'Inde-Pakistan et de Thaïlande. Dans ces régions reculées de hautes montagnes et de vallées, les tribus des collines cultivent la plante et recueillent la sève épaisse de la gousse après l'avoir coupée avec une lame de rasoir.

La plupart de ces ressources sont entre les mains de tribus thaïlandaises sauvages et, en Inde, ce sont les tribus baloutches qui cultivent et récoltent la culture commerciale de l'or. Ils l'appellent "Triangle d'or", car les tribus insistent pour être payées en or. Pour leur faciliter la tâche, le Crédit Suisse a commencé à vendre des lingots d'or pur d'un kilo (ce qu'on appelle quatre neuvièmes dans le commerce), car ces petits lingots sont faciles à transporter et à échanger. La plupart de cet or transite par Hong Kong, qui négocie plus d'or que New York et Zurich réunis au plus fort de la "Dope Season", comme l'appellent les négociants en or de Hong Kong. On estime que cette région produit à elle seule environ 175 tonnes d'héroïne pure au cours d'une bonne année. L'héroïne est ensuite acheminée par pipeline vers la mafia sicilienne et la partie française du business, pour être raffinée dans les laboratoires qui infestent la côte française de Marseille à Monte-Carlo (y compris la famille Grimaldi — bien que je ne suggère pas qu'il y ait un laboratoire dans leur palais !)

La route suivie passe par l'Iran et la Turquie, ainsi que par le Liban. Le commerce pakistanais se fait via la côte de Maccra. En Iran, le "déplacement" est effectué par les Kurdes, comme cela a toujours été le cas depuis des siècles. L'une des principales zones de transit est bien sûr la Turquie, mais récemment, Beyrouth est devenue extrêmement importante, d'où la guerre qui se déroule dans ce pays, alors que chaque baron local tente de se tailler un fief, les banques suisses et libanaises sont là pour aider à gérer l'aspect financier des choses. Il y a maintenant des raffineries très importantes en Turquie, ce qui est un développement assez récent. De même, au Pakistan, de nouveaux laboratoires, fonctionnant comme des "laboratoires militaires de défense", raffinent l'opium brut, ce qui facilite son transport en aval.

Serait-ce la raison pour laquelle les États-Unis soutiennent le Pakistan et non l'Inde ; parce que certaines banques ont de gros investissements au Pakistan, et ce n'est pas dans la poudre de curry ou les tapis ! Mais le raffinage final, plus élaboré, se fait toujours dans des laboratoires en Turquie et sur les côtes françaises.

Arrêtez-vous là et considérez ce que j'ai écrit. Est-il possible qu'avec toutes les techniques, méthodes et équipements sophistiqués dont nous disposons, les forces de l'ordre ne puissent pas découvrir et détruire ces usines d'héroïne ? Si c'est la vérité, alors nos services de renseignement occidentaux ont besoin d'un traitement gériatrique, non, ils doivent être morts depuis longtemps, et nous avons oublié de les enterrer !

Même un enfant pourrait dire à nos agences de lutte contre la drogue ce qu'il faut faire. Il serait très simple de contrôler toutes les usines fabriquant de l'anhydride acétique, le composant chimique essentiel nécessaire au raffinage de l'héroïne. C'est tellement simple que c'en est risible, et cela me rappelle "l'inspecteur Clouseau" de la série de dessins animés et de films "La Panthère rose". Je pense que même ce pauvre vieux Clouseau serait capable de trouver les laboratoires en suivant l'itinéraire et la destination de l'anhydride acétique. Les gouvernements devraient adopter des lois qui obligeraient les fabricants à tenir un registre spécial indiquant à qui le produit est vendu. Mais ne retenez pas votre souffle sur ce point ; rappelez-vous que le commerce de la drogue est synonyme de grosses affaires contrôlées par l'oligarchie d'Europe, d'Angleterre et des vieilles familles "nobles" d'Amérique. Maintenant, ne vous énervez pas en me disant : "Non, ce n'est pas vrai".

Bien sûr, les familles nobles de Grande-Bretagne et d'Amérique ne vont pas faire de la publicité pour leurs produits dans les vitrines, et dans un commerce aussi sale, il faut des gens sales pour le diriger, d'où la mafia. Les nobles ne se sont jamais sali les mains pendant le commerce de l'opium en Chine, et ils sont devenus beaucoup plus intelligents depuis. Si par hasard l'un d'entre eux était appréhendé, vous n'en entendriez jamais parler et il serait rapidement relâché.

Le commerce de la drogue est-il géré par une organisation peu structurée ? Encore une fois, un oui mitigé, mais rappelez-vous que l'Amérique et l'Angleterre sont dirigées par 300 familles et qu'elles sont toutes interfacées et entrelacées par le biais de sociétés, de banques et de mariages, sans parler de leurs liens avec la noblesse noire. Bien qu'il s'agisse d'une entité peu structurée, n'essayez pas de la pénétrer.

Si vous posez des questions dans le mauvais quartier, vous courez le risque qu'il vous arrive des choses très étranges — du moins si vous êtes encore intact. Par cargaisons égales et régulièrement espacées, la "marchandise" descend de Turquie et arrive en Bulgarie. Là, elles sont reconditionnées dans des camions TIR et expédiées à Trieste sur la côte Adriatique ou sur la côte française. Là encore, pourquoi ne pas surveiller chaque camion TIR dans ces deux zones et les placer sous surveillance 24 heures sur 24 ? Il existe également des routes maritimes et des routes aériennes, toutes deux bien protégées par les "autorités supérieures".

Comme je l'ai dit, une mule est attrapée, parfois même une grosse cargaison est appréhendée, mais pas tellement de l'héroïne (parce qu'elle a plus de valeur) ; c'est surtout de la cocaïne et de la marijuana qui sont consommées dans le cadre du coût des affaires. Aussi bizarre que cela puisse paraître, les "tuyaux" proviennent souvent des trafiquants de drogue eux-mêmes lorsqu'il s'agit de petites quantités.

En Amérique du Sud, la lutte est menée contre la cocaïne. La "fabrication" de la cocaïne est relativement simple et bon marché, le produit de base étant facile à obtenir à bas prix. Il est possible de faire de grandes fortunes si l'on est prêt à prendre le risque, non pas tant celui d'impliquer les forces de l'ordre que celui de tomber dans les filets des rois de la cocaïne.

Les intrus ne sont pas les bienvenus et finissent généralement par être victimes des "querelles familiales" qui éclatent constamment. Les principaux pays producteurs de cocaïne sont la Colombie, la Bolivie et le Pérou, avec quelques tentatives d'introduction du cocaïer au Brésil. En Colombie, la mafia de la drogue est une famille de gangsters très soudée, bien connue des autorités.

Le problème est de faire quelque chose contre eux. Bénéficiant de la protection des plus hautes autorités en Angleterre et en Amérique, les barons de la cocaïne méprisent ouvertement les efforts des combattants anti-drogue sincères comme le président Betancourt de Colombie.

Betancourt a fait à peu près tout ce que ses ressources limitées lui permettaient, mais cela n'a pas suffi. Le fléau des dealers et des producteurs de cocaïne continue de dominer la vie nationale colombienne. Il ne semble y avoir aucun moyen de l'éradiquer. Betancourt a mené un combat énorme pour survivre. Les barons de la drogue, quant à eux, ont reçu toute l'aide possible du FMI et la question n'était plus de savoir si Betancourt survivrait, mais seulement combien de temps il pourrait s'accrocher au pouvoir. L'autre principal fournisseur de cocaïne des États-Unis est la Bolivie et, pendant un court moment, le président Siles Zuazo a essayé d'endiguer la marée de cocaïne qui afflue vers l'Amérique, mais ses efforts ont échoué. Là encore, il s'est heurté à l'opposition du FMI et de la Banque des règlements internationaux (BRI) à chaque étape du processus. Chacun de ses plans économiques est déclaré "inacceptable" par le FMI. L'agitation ouvrière est fomentée ; les grèves et les "manifestations" entravent son administration. Les têtes couronnées des vipères d'Europe orchestrent cette campagne anti-Silas. Silas ne bénéficie pas du soutien de l'armée bolivienne ; trop d'officiers de haut rang avaient été bien payés par les barons de la cocaïne avant l'arrivée de Silas au pouvoir. Les "avantages" qui accompagnaient le travail leur manquaient. Ils n'appréciaient pas l'austérité imposée par le FMI. Les choses se gâtent le 14 juillet 1985, lorsque Silas est évincé lors des élections nationales.

L'ancien chef du pays de 1971 à 1978, Hugo Banzer Suarez, a remporté une large victoire. Ce n'était pas inattendu, car Suarez a reçu un très fort soutien des banquiers de Wall Street et des amis de Henry Kissinger, et bien sûr, il a obtenu un vote de confiance de la classe des officiers boliviens.

En tant qu'ancien dictateur et ami des mafiosi boliviens, on attendait de Suarez qu'il développe le commerce de la cocaïne. En guise de "récompense" pour l'aide qu'il a reçue du FMI, on attendait de Suarez qu'il applique les conditions brutales imposées à la Bolivie par le FMI, et c'est ainsi que nous avons vu de nombreux Boliviens mourir de faim et de famine dans les mois qui ont suivi. Tout cela est bien sûr conforme au rapport Global 2000. Au même moment, un véritable flot de cocaïne a commencé à se déverser sur les États-Unis.

Le FMI, agissant pour le compte de la hiérarchie du commerce de la drogue en Angleterre et aux États-Unis, a réussi à plonger la Bolivie dans le chaos. En fait, le pays était ingouvernable pendant la période où les élections ont eu lieu. C'est ce que l'ambassadeur vénézuélien voulait dire lorsqu'il a déclaré que "le commerce de la drogue porte atteinte à la souveraineté nationale, à la politique et à l'économie." Je ne peux pas penser à un exemple plus clair de cela que la Bolivie. Avec la victoire de Banzer, la fée marraine du FMI a soudainement annoncé qu'elle soutiendrait la Bolivie dans les négociations avec les créanciers étrangers. Les industries clés de la Bolivie sont l'exploitation minière et l'agriculture. Ces deux secteurs étaient en état de faillite, ce qui a été délibérément mis en place par le FMI pour évincer Siles et le punir pour sa position contre le commerce de la cocaïne. Le succès du FMI n'est que trop évident. Le Pérou, autre grand producteur de cocaïne, a également été attaqué par le FMI en raison de la position anti-cocaïne de son nouveau dirigeant. Le 2 août 1985, le gouvernement annonce une répression contre les trafiquants de devises illégales, avec plus de deux cents arrestations, les taux d'intérêt sont réduits et les salaires minimums augmentés de cinquante pour cent.

Cela était absolument contraire aux exigences et aux conditions du FMI qui demandaient des mesures d'austérité strictes. Le FMI a rapidement pris des mesures.

Le mouvement de guérilla, pratiquement écrasé, a soudainement commencé à prendre une nouvelle énergie et, sous la direction de son chef Abinal Guzman, il s'est livré à un carnage qui a tué des centaines de paysans. Des attentats à la bombe ont secoué Lima.

L'économie était paralysée. Dégoûtée par le chaos, la nation réclame un leader fort. Elle le trouve en la personne d'Alberto Fujimori, citoyen péruvien d'origine japonaise. Fujimori était un homme de grand honneur et d'intégrité, qui semblait être le meilleur espoir de débarrasser le Pérou du fléau du commerce de la drogue. Élu par un raz-de-marée, Fujimori a dû faire face à la tâche ardue de lutter contre le FMI et la BRI sur le front économique, ainsi que contre les groupes de pression bien financés et bien organisés.

Les États-Unis et la Grande-Bretagne ont soutenu Guzman et son armée de guérilla.

Chapitre 2

Le rôle de l'Afghanistan dans le commerce international de l'opium/héroïne

L'Afghanistan est à nouveau au centre de l'actualité pour la simple raison qu'il est l'une des principales sources d'opium brut, comme c'est le cas depuis l'époque de la British East India Company (BEIC), les ancêtres du Comité des 300. J'examinerai également le rôle joué par le Pakistan dans la culture du pavot à opium et j'expliquerai pourquoi les États-Unis ont fermé les yeux à trois reprises au moins lorsque le gouvernement élu du Pakistan a été renversé et remplacé par un régime militaire, alors que le Chili et l'Argentine ont fait l'objet de "mesures spéciales" pour le même "crime".

L'Afghanistan est un ancien pays musulman situé au nord des montagnes de l'Hindu Kush. Certains instruments anciens trouvés dans la vallée de l'Haibak ont été datés au carbone, ce qui a montré qu'ils avaient au moins mille ans. Ce qui a attiré les Occidentaux dans ce pays, c'est qu'il possédait le climat et le sol idéaux pour la culture du pavot, qui produit de l'opium. Le pays a été gouverné par la dynastie Barakzai de 1747 à 1929 et était connu pour ses conflits prolongés entre les membres de la dynastie et les chefs tribaux.

Avant le 18ème siècle, le pays était sous la domination de la Perse, et en partie, sous celle de l'Inde. La famille Barakzai a régi le commerce de l'opium pendant au moins 150 ans et, comme nous le savons, lorsque les forces armées américaines ont renversé les talibans, elles ont placé un membre du clan, Hamid Barakzai, à la tête de l'Afghanistan et le pays est actuellement sous son contrôle.

En 1706, Kandahar déclare son indépendance et, en 1709, Mir Vais, un chef Ghilzain et un musulman sunnite, défait les armées perses envoyées contre lui à Kandahar, ce qui permet de conserver le commerce de l'opium aux mains des Britanniques.

En 1715, Mir Abdullah succède à Mir Vais, mais il est surpris en train de tenter de faire la paix avec les Perses et est renversé en 1717. S'ensuit une période de rivalité intense, suivie d'une invasion de la Perse par les Afghans.

En 1763, Zaman Shah, fils de Timur, accède au pouvoir, mais au lieu de l'unité, il est marqué par des rivalités tribales totales et incessantes et des batailles acharnées. Son père, un souverain timide, ne peut empêcher l'Inde de s'emparer de certains de ses territoires, dont le Punjab, perdu au profit des sikhs lors des batailles de 1793-1799.

En 1799, des émissaires de la BEIC commencent à arriver à Kandahar pour rencontrer le souverain, Shah Shuja. En 1809, avant la mort de Shah Shuja, la BEIC conclut avec lui un accord selon lequel elle l'aiderait à repousser les "étrangers", notamment de Perse et d'Inde. En 1818, Mahmud Shah prend le contrôle du pays et entreprend de renforcer les relations avec la BEIC, qui est alors chargée de "l'expansion agricole" sous la forme de vastes champs de pavot. Sentant qu'une riche récompense les attendait, les Perses ont envahi le pays en 1816, mais ont été chassés par Path All Kahn, un soldat et confident de la BEIC.

En 1818, les tribus se sont révoltées contre la culture du pavot et les revenus tirés de la vente d'opium brut à la BEIC. En conséquence, l'Afghanistan a été divisé en enclaves tribales, Kaboul, Kandahar et Ghazni, etc. C'est pendant cette période de division que l'Inde a volé le Cachemire à l'Afghanistan, car elle voulait une part du gâteau lucratif de l'opium. En 1819, après une série de guerres tribales, Dost Mohammed s'empare de Kaboul et devient le souverain de Ghazni et de Kandahar. Voyant une chance de profiter du commerce de l'opium, qui était florissant sous le régime de la BEIC, la Perse a attaqué Herat en 1837 et un conflit tribal a éclaté qui a duré jusqu'en juillet 1838. Le commerce de l'opium, fermement aux mains des Britanniques, est à l'origine de ce conflit. Toujours à la recherche de solutions, le gouvernement britannique conclut un accord avec Ranjit Singh et Shah Suju, qui, sous les auspices de la BEIC, restaurerait le trône de Shah Shuja, unifiant ainsi les tribus et bloquant efficacement la Perse. Mais à l'insu des Britanniques, Dost Mohamed s'enrichit en se lançant dans le commerce de l'opium, en concluant des accords en dehors de la BEIC.

En 1839, les troupes britanniques stationnées en Inde sont entrées en Afghanistan lors de la première guerre afghane. Elles déposèrent Dost Mohammed et le bannirent en Inde. Ses biens ont été saisis par la BEIC et les troupes britanniques ont pris le contrôle des principales villes et localités, mais elles se sont vite aperçues qu'elles avaient affaire à une force insaisissable de tribus relevant de l'une ou l'autre alliance.

Pendant toute cette période, rien ne devait entraver la culture du pavot et de grandes quantités d'opium brut étaient expédiées hors d'Afghanistan, généralement via ce qui allait devenir le Pakistan. Pendant cette période, parce que la compagnie savait comment contrôler les tribus locales et assurer la protection de ses investissements lucratifs, elle a réalisé d'énormes profits. Des questions ont été soulevées à la Chambre des communes à Londres, sur la raison pour laquelle les troupes britanniques étaient déployées dans un pays aussi désolé que l'Afghanistan alors que rien d'important ne justifiait leur présence. Les pauvres députés étaient loin de se douter de l'immense fortune que faisait chaque année la BEIC. Alors que les Britanniques faisaient de la publicité pour leur combat contre les "seigneurs de la guerre" chinois (en réalité les agents des douanes du gouvernement chinois), ils ont gardé secrètes leurs guerres en Afghanistan.

Lorsque la guerre a été déclenchée contre les Britanniques par les tribus de Dost Mohammed, les journaux britanniques l'ont fait passer pour une "escarmouche tribale", si tant est qu'elle ait été mentionnée. Une force britannique en marche vers Kandahar a été attaquée par les forces de Dost Mohammed, qui ont été repoussées, leur chef a été fait prisonnier et exilé en Inde.

En 1842, Sir Alexander Burns a remis Shah Shuja sur le trône. Londres pensait que cette action apaiserait les tribus, mais au lieu de cela, elle a conduit à une grande agitation qui a culminé avec le meurtre de Sir Alexander et d'un envoyé britannique du nom de Sir William McNaughton. Ce fut le signal d'une révolte générale contre la domination britannique, et Lord Auckland envoya une force britannique de 16 000 soldats anglais et Sepoy pour occuper Kaboul. Mais la révolte est si forte que les forces britanniques doivent se retirer de Kaboul vers Kandahar. Mais sur la route du retour, les forces britanniques tombent dans une embuscade tendue par 3000 membres de tribus qui leur infligent de nombreuses pertes. Shah Shuja, que les tribus considèrent comme une marionnette des Britanniques, est également tué.

Les Afghans ont alors pris le contrôle des champs de pavot à opium et divers seigneurs de la guerre ont commencé à affirmer leur contrôle sur les routes de l'opium hors du pays. Pire encore, ils ont commencé à exiger un tribut des caravanes de BEIC qui traversaient l'Inde.

Les caravanes d'animaux de bât chargées d'opium brut étaient attaquées lorsque le tribut n'était pas payé, et l'opium volé, et beaucoup étaient tués par les seigneurs de la guerre. C'est au cours de ces épisodes que Rudyard Kipling a écrit ses récits de bravoure sur les forces britanniques qui gardaient la route du col de Khyber. Le citoyen britannique ordinaire s'enthousiasmait pour ces récits de bravoure. Ils n'avaient aucune idée que les soldats britanniques étaient sacrifiés au nom d'une entreprise privée de plusieurs milliards de dollars, qui n'avait rien à voir avec "Dieu, la reine et la patrie".

Pendant cette période, les seigneurs de la guerre étaient vaguement affiliés sous la direction d'Akbar Kahn, fils de Dost Mohammed.

En 1842, une force de l'armée britannique sous le commandement de Sir George Pollock arrive d'Inde et reprend Kaboul. Des centaines de membres de tribus soupçonnés d'avoir participé à l'attaque qui a coûté si cher à l'armée britannique sont sommairement exécutés. Dorst Mohammed est à nouveau placé sur le trône par Sir George. Il entreprend immédiatement de vaincre les factions tribales de l'opium et punit ceux qui se sont emparés des champs de pavot de BEIC.

En raison de son "noble" travail, le 30 mars 1855, le gouvernement britannique signa le traité de Peshawar avec Mohammed, lui permettant ainsi de contrôler Kandahar et Kaboul, mais pas les importants champs de culture du pavot à opium Helmet à Herat, que les Perses avaient saisi à la BEIC. Malgré cela, le commerce de l'opium brut produit par la BEIC en Afghanistan commença à rivaliser avec celui de la vallée du Gange et de Bénarès.

La Grande-Bretagne a alors déclaré la guerre à la Perse. On a dit à l'innocent public britannique que la guerre était due au fait que la Perse tentait de s'emparer du territoire colonial britannique. En 1857, les Perses sont battus et optent pour la paix par le biais d'un traité signé à Paris, dans lequel ils reconnaissent l'"indépendance" de l'Afghanistan et renoncent à toute revendication sur le territoire. Le fantoche britannique Dost Mohammed est envoyé pour prendre le contrôle de Herat, mais les rivalités tribales maintiennent la région dans l'agitation pendant les cinq années suivantes, Dost ne parvenant à la placer sous juridiction britannique qu'en 1863. Si les Britanniques ont appris quelque chose sur l'Afghanistan, c'est bien cela : ne jamais prétendre contrôler une région avant que toutes les factions ne soient d'accord entre elles, ce qui peut prendre une éternité. Herat en est un bon exemple. Il a fallu un siège de dix mois pour desserrer l'emprise d'une des tribus de la région. Alors qu'ils pensaient avoir tout "pacifié", Dost est mort en 1870, et presque immédiatement, Herat a été plongé dans une guerre civile lorsque le frère de Dost, un certain Sher Ali, a tenté de faire valoir ses droits à la succession. Ne parvenant pas à mettre les tribus d'accord, Ali appelle la Russie à l'aide, ayant perdu toute confiance dans les Britanniques, et en juin 1878, une mission russe dirigée par le général Stolietov arrive à Kaboul. La BEIC tire immédiatement la sonnette d'alarme et une fois de plus, les parties entrent en guerre, car le Sher All refuse d'accepter la contre-offre de la mission britannique. La guerre dure un an (1878 — 1879) au cours de laquelle Sher Ali est tué. Profondément alarmées par le fait que les Russes pourraient mettre un terme à leur lucratif commerce d'opium avec l'Afghanistan, les forces britanniques ont envahi toute la région sous la direction de leur marionnette Yakub, fils de Sher Ali. Les forces britanniques se sont ensuite dispersées et ont tenu garnison dans tout le pays. C'est à ce moment-là qu'un traité a été signé, en vertu duquel les Britanniques paieraient un "droit de protection" de 75 000 dollars par an, pour garantir le passage sans encombre des caravanes d'opium par le col de Khyber, où des troupes britanniques étaient stationnées pour aider à faire respecter l'accord.

Bien sûr, les récits de Rudyard Kipling ne disaient rien des raisons pour lesquelles les convois étaient gardés par les troupes de Sa Majesté, et il ne fait aucun doute que l'enfer se serait produit si la véritable mission des troupes avait été révélée.

Se réjouissant de ce qu'elles pensaient être un succès total de leur mission à Kaboul, les forces britanniques ont commencé à relâcher leur vigilance, car il n'y avait plus de raids sur les champs de pavot ni d'attaques sur les convois passant par le col de Khyber. Mais un réveil brutal pour Londres se cachait en arrière-plan. Le 3 septembre 1879, Sir Louis Cavagnari (un descendant de l'ancienne noblesse noire de Venise) est assassiné avec son escorte, et le pays est à nouveau plongé dans une autre guerre. Yakub, accusé de conspirer avec des tribus rebelles dans le dos des Britanniques, est destitué le 19 octobre 1879.

En 1880, alors que les Britanniques se préparaient à entrer en guerre contre les républiques boers d'Afrique du Sud pour priver ce pays de ses immenses ressources en or, un nouveau dirigeant afghan est entré en scène, un certain Abd-Ar-Rahman, neveu d'Ali Sher Ali. Les Britanniques sont satisfaits de ce nouvel homme, qui réussit à maintenir la paix et à imposer son autorité aux factions tribales qui se chamaillent sans cesse.

Au cours de cette période de stabilité relative, une grande

quantité d'opium brut de haute qualité a quitté le pays pour se retrouver dans les entrepôts de la BEIC. On pense qu'au cours de cette période (1880-1891), des milliards de livres sterling sont entrés dans les coffres de la BEIC, suffisamment pour payer dix fois plus que le coût de la guerre anglo-boerroise, qui a éclaté en 1899. Il y a également eu beaucoup d'ingérence de la part de la Russie, qui a tenté de prendre pied en Afghanistan et de fournir un tampon pour ses frontières. La Russie n'était pas intéressée par le commerce de l'opium ; sa seule préoccupation était d'obtenir un tampon territorial. Finalement, après cinq ans de graves problèmes avec la Grande-Bretagne, les deux pays concluent un accord dans lequel la Russie accepte de rester en dehors des affaires afghanes.

Tout au long de son histoire mouvementée, l'Afghanistan a continué à produire certaines des meilleures qualités d'opium brut, très recherchées par les consommateurs occidentaux, et la principale route par laquelle cette cargaison était acheminée passait par le Pakistan. L'histoire de l'opium en Afghanistan est donc étroitement liée à l'histoire du commerce de l'opium au Pakistan et à ses routes de transit vers la côte, puis vers le Moyen-Orient et l'Europe occidentale.

À l'apogée de sa puissance, la BEIC recevait chaque année 4000 tonnes d'opium en provenance d'Afghanistan. La valeur estimée de cette énorme production en une seule année (1801) était de 500 millions de dollars, une fortune colossale à l'époque. La plus grande partie de l'opium passait par le col de Khyber pour entrer en Inde (la partie appelée aujourd'hui Pakistan), puis descendait jusqu'à la côte désolée de Maccra, où il était ramassé par des boutres arabes et emmené à Dubaï, où il était payé en or. Aucun papier-monnaie n'est accepté pour ce commerce. Grâce à ce commerce, il n'y a pas moins de 25 banques à Dubaï qui font le commerce de l'or, parmi lesquelles la British Bank of the Middle East est la plus importante dans le commerce de l'or pour l'opium. Les musulmans d'Afghanistan, contrairement à la classe ouvrière chinoise, ne consomment pas d'opium et n'en sont donc pas devenus dépendants. Ils étaient heureux de produire des cultures de pavots, d'extraire la sève d'opium, de la transformer en opium brut, puis de la vendre. Ainsi, l'Afghanistan a échappé aux ravages du terrible fléau de l'addiction à l'opium qui a fini par s'abattre sur la Chine. À l'époque, comme aujourd'hui, la culture du pavot et la collecte de la sève tant prisée constituent l'occupation dominante de la population masculine de l'Afghanistan.

Les secrets sont soigneusement préservés, et tant que le statu quo prévaudra, il en sera ainsi jusqu'à la fin des temps ! J'ai vu des champs de coquelicots cultivés à partir de semis jusqu'à l'obtention de plantes fleuries — puis, lorsque la sève monte dans les gousses, comment elles sont tranchées avec des rasoirs d'où s'écoule et se fige la résine semblable à du caoutchouc. J'ai également vu qu'il n'y avait aucune tentative pour freiner ou réduire la culture du pavot. Je me suis donné du mal pour fournir des détails sur le type de régime imposé à l'Afghanistan par les puissances étrangères, dans l'espoir que les lecteurs comprendront que très peu de choses ont changé depuis lors. Les États-Unis pensent que l'invasion et les bombardements ont permis de soumettre le pays, mais ils se trompent lourdement. L'Afghanistan est un pays de seigneurs de la guerre et de factions rivales qui tentent tous d'obtenir une part de l'opium, un tableau de loyautés confuses et de rivalités intenses. Cela, les États-Unis et leurs alliés ne pourront jamais le vaincre.

Les Talibans — créés, armés et dirigés par la Central Intelligence Agency (CIA) comme une contre-force pour empêcher la Russie de s'emparer du pays — sont maintenant l'ennemi ! Lorsque les talibans ont pris le pouvoir, ils ont été raillés, moqués et méprisés, mais ils se sont rapidement affirmés et, après avoir vaincu les Russes, ils se sont retournés contre leurs bienfaiteurs américains, ordonnant l'arrêt de la culture du pavot et de l'exportation d'opium brut. Des kilomètres et des kilomètres de champs de pavot ont été brûlés ainsi que les stocks d'opium. Soudain, les seigneurs du trafic de drogue de la City de Londres et de Wall Street ont vu se profiler une énorme perte de revenus, et la situation a dû être radicalement inversée.

Je ne peux pas dire avec certitude comment l'attaque du World

Trade Center s'est produite, mais ce que je sais, c'est que le peuple américain n'aurait jamais accepté une invasion de l'Afghanistan par les forces américaines s'il n'y avait pas eu le désastre du 11 septembre 2001, et il est donc plus que probable que l'histoire révélera que la tragédie du 11 septembre était une "situation inventée". À la grande consternation des banques de Dubaï et des négociants d'opium des États-Unis et de la Grande-Bretagne, les Talibans ont éliminé les seigneurs de la guerre dirigés par le clan Barakzai qui vendaient de l'opium à l'Occident et dont la plupart ont fui au Pakistan ou dans les régions montagneuses du pays. Le commerce de l'opium s'est arrêté net. Les Talibans ont adopté un décret stipulant que toute personne cultivant le pavot ou faisant le commerce de l'opium serait abattue. Les chefs de guerre de l'opium se sont dispersés avec leurs laquais criminels.

Cela a fait sonner les cloches d'alarme dans tout Westminster et New York. À Dubaï, les 90 banques qui servaient le commerce de l'opium ont vu la ruine les regarder en face. Il fallait faire quelque chose, et c'est ce qui a été fait. Les États-Unis sont entrés en guerre contre l'Afghanistan, tout comme les Britanniques, les Russes et les Perses avant eux. Le but de la guerre, nous dit-on, était de "déraciner les Talibans et leurs terroristes d'Al-Qaïda". Un énorme escadron de bombardiers a effectué des sorties 24 heures sur 24 et les quelques bâtiments restés debout à Kandahar après la guerre avec la Russie ont été réduits à d'impressionnants tas de décombres. Les faucons de guerre Rumsfeld, Wolfowitz, Cheney et Perle jubilent. À la maison, les journaux de New York ont claironné que les États-Unis avaient "gagné" la guerre en Afghanistan. Le peuple américain était loin de se douter que la guerre ne faisait que commencer. Les troupes américaines devront rester en Afghanistan pendant des décennies, afin de maintenir les factions de l'opium séparées et d'assurer la circulation fluide de l'opium par les anciennes routes commerciales. Les hauts gradés de l'armée pakistanaise profiteront largement de la cocaïne qui s'écoule d'Afghanistan, comme ils l'ont toujours fait. C'est pourquoi Pervez Musharraf a été choisi comme notre principal "allié dans la guerre contre le terrorisme".

Avec la disparition des talibans et la reprise du contrôle par le clan Barakzai, le commerce de l'opium est florissant en Afghanistan après la chute des talibans et on ne sait pas si le nouveau gouvernement tentera de l'arrêter ou du moins de le réduire. Nous osons suggérer que sous le régime imposé par les États-Unis, le commerce de l'opium non seulement retrouvera sa production passée, mais augmentera en fait la quantité d'opium brut produite. Dans son rapport annuel sur le commerce international de la drogue, le département d'État a déclaré que les talibans, chassés du pouvoir par l'armée américaine en 2005, ont pratiquement éliminé la culture du pavot à opium dans les régions qu'ils contrôlaient.

La production globale d'opium a chuté de façon spectaculaire, passant d'environ 3656 tonnes en 2000 à quelque 74 tonnes en 2001, et la quasi-totalité de la production a eu lieu dans les régions d'Afghanistan tenues par l'Alliance du Nord, l'allié de Washington dans la guerre contre les Talibans. Voilà un témoignage de première main : notre "guerre contre la drogue" est aussi fausse qu'un faux billet de la Réserve fédérale. Pendant que les talibans détruisaient les cultures et les stocks d'opium, la CIA assurait à nos "alliés" — les "seigneurs de la guerre", un assortiment de gangsters assassins sans envergure et sans scrupules — de ne pas s'inquiéter, ils reviendraient bientôt au pouvoir. La Drug Enforcement Agency (DEA) n'a pas essayé d'aller écraser cette bande de vermines alors qu'elle avait une remarquable opportunité de le faire. Au lieu de cela, les États-Unis ont protégé les voyous trafiquants de drogue. L'Afghanistan est traditionnellement l'un des principaux producteurs d'opiacés au monde, avec l'Inde, qui a repris sa place de premier producteur en 2008 en raison de l'interdiction des talibans.

L'opium est la matière première des opiacés que sont l'héroïne et la morphine, et l'Afghanistan a été le principal fournisseur de ces drogues dans la région ainsi qu'en Europe occidentale et aux États-Unis. Selon un rapport américain publié récemment, la culture généralisée du pavot a repris en Afghanistan après l'effondrement des talibans et les trafiquants de drogue restent actifs dans le pays, et ce malgré la présence massive sur le terrain des forces armées américaines. Bien que l'autorité intérimaire de Kaboul, la marionnette de Cheney, Rumsfeld et Wolfowitz, Hamid Karzai (Barakzai), soutenue par les États-Unis, ait annoncé sa propre interdiction de la culture de l'opium, cette interdiction ne dépassait guère la capitale et ne valait pas le papier sur lequel elle était écrite. Si Karzai avait essayé de faire appliquer son décret, il aurait été retrouvé un matin avec la gorge tranchée d'une oreille à l'autre. Ses dealers n'auraient jamais permis qu'il reste en vie pour interférer avec leurs affaires lucratives.

Le rapport dit :

> "L'Autorité manque de moyens pour faire respecter son interdiction, et elle doit travailler avec les centres de pouvoir locaux et la communauté des donateurs pour que l'interdiction soit réellement respectée. Il n'est pas certain que les exhortations et même le soutien financier de la communauté internationale suffisent à éliminer rapidement la culture du pavot en Afghanistan... À la suite des hostilités, la faction qui contrôle réellement une région varie. Il n'est pas certain que les factions respecteront l'interdiction de la culture du pavot décrétée par l'Autorité intérimaire."

Quelle absurdité totale !

Et pourquoi ne pas la faire respecter par la présence d'un grand nombre d'agents de la DEA soutenus par l'armée américaine ? Nous savons que nos contrôleurs sont persuadés que le peuple américain est le plus crédule du monde, mais essayer d'imposer une telle absurdité à la population et penser qu'elle sera crue dépasse toute explication. L'Alliance du Nord, qui domine le gouvernement de Karzai, ne semble pas avoir pris de mesures contre la drogue dans les régions du pays qu'elle contrôle. Les Nations unies ont également signalé à plusieurs reprises que des agriculteurs faisaient une deuxième récolte d'opium dans les zones contrôlées par l'Alliance du Nord, poursuit le rapport.

Pouvez-vous croire à l'audace de ces gens qui s'attendent à ce que nous croyions à une absurdité aussi flagrante ? "N'apparaît pas" ? Le fait est que même si les Talibans faisaient tout leur possible pour éradiquer le fléau, non seulement Washington savait que leurs "alliés" cultivaient le pavot, mais il leur a assuré que personne n'interviendrait dans leur commerce, tant qu'ils étaient nos "alliés" dans la guerre contre les Talibans. Washington a alors entrepris d'armer et d'entraîner ces derniers pour qu'ils partent en guerre contre l'ensemble de l'Afghanistan, tout en laissant intact leur commerce mortel. Tels sont les faits réels qui se cachent derrière la guerre en Afghanistan.

Les États-Unis mettent un peu d'espoir dans les efforts régionaux visant à empêcher les opiacés afghans de quitter le pays par le biais du groupe Six Plus Deux, qui réunit les États-Unis, la Russie et les six voisins immédiats de l'Afghanistan. Il s'agit d'une nouvelle mascarade. Rien n'est fait et rien ne sera jamais fait pour arrêter le commerce de l'opium afghan. S'il devait y avoir un effort sérieux dans cette direction, le dirigeant du Pakistan, le général Pervez Musharraf, serait mis à la porte. La moitié de l'establishment dirigeant pakistanais dépend totalement des péages sur les revenus lucratifs tirés du trafic d'opium qui passe par le Pakistan pour se rendre en Europe et aux États-Unis. Entre-temps, le trafic de stupéfiants dans la province de Helmand se poursuivra, malgré tous les efforts déployés par l'autorité intérimaire et la communauté internationale, ajoute le rapport du département d'État.

Il n'existe absolument aucune preuve que les dirigeants talibans d'Afghanistan aient jamais été impliqués dans le commerce de l'opium ni que la drogue soit une source majeure de financement du réseau Al-Qaïda d'Oussama Ben Laden. Nous avons cherché dans tous les dossiers connus et n'avons trouvé aucune preuve de ce genre. Nous rejetons les allégations du Département d'État comme de la propagande, purement et simplement. Mais les fonctionnaires ont déclaré que le réseau Al-Qaïda, basé en Afghanistan, bénéficie indirectement de l'implication des Talibans dans le trafic et ils craignent qu'il ne développe des liens plus étroits avec les trafiquants alors qu'il subit la pression des États-Unis à la suite des attaques terroristes du 11 septembre. Où sont les preuves ? Les allégations ne constituent pas une preuve, et jusqu'à présent, aucune preuve n'a été présentée. Il s'agit d'une propagande visant à jeter le doute sur les croyances religieuses des Talibans.

> "Chaque fois que vous avez une organisation terroriste qui doit avoir des sources d'argent et qui se trouve géographiquement à côté d'organisations de drogue qui produisent de l'argent, alors il y a évidemment le potentiel pour un lien plus fort entre les deux",

a déclaré Asa Hutchinson, un ancien chef de la DEA devant la sous-commission de la réforme du gouvernement de la Chambre des représentants sur la justice pénale, la politique en matière de drogues et les ressources humaines. Eh bien maintenant, nous répondons que la nomination de M. Hutchinson était une nomination politique, et qu'il connaît peu ou pas du tout le commerce de la drogue, ayant passé son temps à la Chambre des représentants avant de perdre son siège, en raison de son rôle dans la procédure de mise en accusation de Clinton.

Les responsables américains ont déclaré que le trafic d'opium a été une source majeure de financement pour les Talibans, la milice islamique dure qui gouverne la majeure partie du pays. Hutchinson et William Bach, fonctionnaire du département d'État chargé de la lutte contre les stupéfiants, ont déclaré que les gardes talibans acceptaient parfois de l'opium brut au lieu d'argent liquide.

Cette affirmation pathétique sort tout droit de la bouche des ruffians de l'"Alliance du Nord", qui ne peuvent pas dire la vérité, car s'ils le faisaient, ils perdraient leur statut favorable auprès de Washington. Voici une autre "perle" :

> "En prévision des représailles militaires américaines pour les attaques terroristes, les talibans semblent écouler leurs stocks. Le prix de l'opium dans la région a soudainement chuté de 746 dollars le kilogramme à 95 dollars immédiatement après les attaques. Il a depuis rebondi à 429 $."

On pourrait penser qu'après nous avoir dit que les talibans avaient besoin d'armes, ils n'auraient guère "abandonné" leur moyen le plus direct de s'en procurer ! Quoi qu'il en soit, rien ne prouve que les talibans aient jamais fait commerce de l'opium. Ceux qui auraient pu être tentés auraient été soumis à un procès sommaire et à une exécution en vertu de leur code religieux. À la fin des années 1790, l'Afghanistan est devenu le premier producteur mondial d'opium, la matière première de l'héroïne. À son apogée, il fournissait plus de 70% des revenus de la BEIC, une distinction que le pays a conservée pendant les deux guerres mondiales et jusqu'à la fin des années 1990.

Lorsqu'ils sont arrivés au pouvoir, les talibans ont ordonné l'arrêt de la culture de l'opium, invoquant des principes religieux. Les observateurs internationaux ont confirmé que la production avait été quasiment anéantie dans les zones tenues par les Talibans, le peu d'opium restant étant cultivé sur des terres détenues par la soi-disant opposition "Alliance du Nord", une bande de crapules, de trafiquants de drogue et de meurtriers sous la protection de l'ancien secrétaire à la défense, Donald Rumsfeld.

Cela n'explique-t-il pas un grand nombre de choses qui ont besoin d'être expliquées ? Et ce n'est pas la première fois que les États-Unis sont directement impliqués dans le commerce de la drogue. Nous l'avons vu au Vietnam, au Liban, au Mexique, au Pakistan et maintenant, en Afghanistan. Mais les responsables américains affirment que l'interdiction a eu peu d'effet sur le trafic parce que les talibans n'ont pas éliminé les stocks massifs d'opium des années précédentes ni arrêté les trafiquants. Quelle est la vérité ? Le département d'État et le nouveau patron de la DEA nous disent que les talibans ont "écoulé" leurs énormes stocks d'opium, et dans le même temps, nous sommes censés croire que les talibans n'ont rien fait de tel ! Croyez-nous quand nous disons qu'il n'y aurait pas eu besoin de "liquider" les stocks. Les barons de la drogue pakistanais — y compris les militaires — auraient acheté chaque kilo d'opium brut aux talibans au prix fort.

Cette histoire n'est qu'un tissu d'inepties. Ce qui s'est passé, c'est que les principaux acteurs du commerce se trouvaient tous dans une zone "protégée" par l'Alliance du Nord et que les talibans ne pouvaient pas y pénétrer parce que Donald Rumsfeld les avait armés de chars, d'artillerie et de tous les accessoires d'une armée moderne, avec l'aimable autorisation des contribuables. Le président de la sous-commission, Mark Souder, R-Indiana, a qualifié l'interdiction des talibans de

> "stratagème froidement calculé pour contrôler le prix du marché mondial de leur opium et de leur héroïne".

On dirait que c'est un cas d'aveugle qui guide l'aveugle ! Souder semble pire que Hutchinson. Pourquoi ne pas dire la vérité et laisser le peuple américain décider ? Pourquoi mentir et brouiller les pistes ? "Les responsables américains ont estimé que l'opium pourrait fournir aux talibans jusqu'à 50 millions de dollars par an," disent Hutchinson et Bach. Al-Qaïda en profite indirectement, car elle a été protégée par les Talibans.

Mais M. Bach a déclaré que le trafic de drogue "ne semble pas être la principale ressource d'Al-Qaïda", tandis que M. Souder a fait remarquer que les responsables américains ont accordé peu d'attention au commerce de l'opium afghan, car une faible partie de celui-ci entrait aux États-Unis :

> "Nous devons maintenant faire face à une nouvelle réalité : le trafic de drogue afghan, qui n'a pratiquement pas franchi nos frontières, a fait autant de mal à notre pays que les drogues provenant de l'autre bout du monde qui ont atteint les rues américaines."

Si l'Américain moyen peut donner un sens à ces déclarations contradictoires, alors nous serons très surpris. Mais que nous puissions les comprendre ou non, il s'agit, et nous le répétons, d'un double langage pur et simple. Nous vous demandons une fois de plus de considérer ce qui suit :

> ➢ On nous dit que les talibans ont "écoulé" la majeure partie de leurs stocks d'opium.

> ➢ On nous dit que les Talibans avaient besoin de revenus dérivés de l'opium.

> ➢ On nous dit que les talibans ont reçu 50 millions de dollars par an provenant des revenus de l'opium.

> ➤ On nous dit que les talibans ont "jeté" leurs énormes stocks. Est-ce que 50 millions de dollars ont été "jetés" ? Pourquoi quelqu'un voudrait-il "jeter" 50 millions de dollars ?

> ➤ On nous dit que jusqu'à présent, la DEA ne s'est guère intéressée au principal fournisseur d'opium brut dans le monde. Cela a-t-il un sens ? Si la DEA n'a pas prêté attention à l'opium qui s'écoule d'Afghanistan, alors elle est coupable de manquement à ses devoirs.

> ➤ On nous dit que la raison pour laquelle la DEA manque à son devoir est que si peu d'opium arrive aux États-Unis !

Pouvez-vous croire ces gens ? Ils doivent penser que le peuple américain est le peuple le plus stupide du monde. Après les attentats du 11 septembre à New York et Washington, l'Afghanistan a été au centre de l'attention du monde entier. L'"alliance contre le terrorisme" dirigée par les États-Unis a bombardé l'Afghanistan et des éléments d'Al-Qaïda ont fui le pays. La culture illicite de l'opium en Afghanistan est devenue un élément de la guerre de propagande. Le commerce de l'héroïne a été évoqué à plusieurs reprises comme l'une des principales sources des réseaux d'Oussama ben Laden. Mais d'une manière ou d'une autre, nous avons été amenés à croire que Ben Laden s'est échappé et reste en liberté en Afghanistan, dirigeant toujours le terrorisme contre l'Occident. À notre avis, il faut considérer cela avec beaucoup de scepticisme.

> "Les armes que les talibans achètent aujourd'hui sont payées avec les vies de jeunes Britanniques qui achètent leur drogue dans les rues britanniques. C'est une autre partie de leur régime que nous devons chercher à détruire",

a déclaré l'ancien Premier ministre britannique Tony Blair.

Sa déclaration est un exemple des déclarations déformantes faites sur des situations réelles concernant l'économie de l'opium en Afghanistan. En réalité, c'est l'allié de M. Blair en Afghanistan, l'"Alliance du Nord", qui profite chaque jour davantage de l'économie criminelle de l'opium. Aucune preuve n'a été apportée que les Talibans trafiquent de l'opium.

Lorsque l'ancien Premier ministre Blair maintenait l'armée britannique en Afghanistan, il avait tout le temps d'éradiquer les champs de pavot, de mener des missions de recherche et de destruction des stocks d'opium brut. Pourquoi M. Blair n'a-t-il pas ordonné à ses troupes de prendre ces mesures ? C'était une excellente occasion de procéder à un balayage coordonné du pays et de mettre hors d'état de nuire les cultivateurs de pavot, d'arrêter les trafiquants et de détruire leurs stocks. Les moyens et l'argent étaient là pour entreprendre une telle opération, mais non, apparemment M. Blair a estimé que ses paroles étaient plus puissantes que ses actes. C'est ce qu'on appelle la "propagande". Blair doit savoir ce que Souder et Hutchinson ont dit. Ils ne sont apparemment pas dérangés par la mort de jeunes héroïnomanes britanniques, car cela ne concerne pas l'Amérique ! Croyez ces trucs au risque de perdre votre niveau de QI.

Lorsque les Talibans ont pris le pouvoir à Kaboul en 1996, ils n'ont fait qu'hériter d'une situation qui avait transformé l'Afghanistan, depuis la fin du 18ème – 19ème siècle, en premier producteur mondial d'opium. Entre 1994 et 1998, la production d'opium a totalisé entre 2000 et 3000 tonnes métriques de matière première par an. La majeure partie de cette production était acheminée via l'Inde (puis le Pakistan), d'abord sous la surveillance des meilleurs soldats de l'armée britannique, immortalisés dans les récits de bravoure de Rudyard Kipling. Plus tard, ce sont les généraux de l'armée pakistanaise qui ont veillé sur les revenus lucratifs que leur procurait ce commerce. Une fois l'échange d'opium contre de l'or effectué à Dubaï, l'opium brut était raffiné en héroïne et en morphine en Turquie et en France. Seule une infime partie de l'opium a été transformée en Afghanistan. Tous les records précédents ont été battus en 1999 et 2000, lorsque la production d'opium en Afghanistan a atteint 4500 tonnes.

L'administration Bush voudrait nous faire croire que le 27 juillet 2000 "… après de nombreuses années de pression internationale, le chef des talibans, le mollah Omar, a décrété une interdiction totale de la plantation d'opium pour la saison suivante." Ce n'est pas le cas. Les talibans ont interdit la culture du pavot à opium et la production d'opium brut dès leur prise de pouvoir. La pression mondiale n'a rien à voir avec cela.

Si la "pression mondiale" est la raison pour laquelle les talibans ont interdit le commerce, pourquoi la n'a-t-elle eu aucun effet avant l'avènement des talibans ? La culture a diminué dans les territoires contrôlés par les talibans, alors qu'elle a prospéré dans les zones contrôlées par l'"Alliance du Nord". L'avancée rapide des forces américaines due à la campagne de bombardements massifs des États-Unis dans leur guerre contre le réseau Ben Laden et la prise de contrôle de Kaboul par les gangsters de l'"Alliance du Nord" n'ont nullement mis fin à l'économie de l'opium. C'est exactement le contraire qui s'est produit ; l'économie de l'opium a connu une résurgence, bien que les États-Unis et leurs alliés britanniques contrôlaient désormais toutes les grandes zones de culture du pavot. L'Afghanistan est devenu le centre d'intérêt du Programme des Nations Unies pour le contrôle international des drogues (PNUCID) depuis qu'il est apparu clairement que le pays avait acquis le statut de première source d'opium au monde, et ce vingt ans avant l'arrivée des Talibans. Les projets du PNUCID visant à endiguer le flux d'opium illicite en Afghanistan n'ont eu aucun impact mesurable. Dans la soi-disant "guerre contre l'opium" en Afghanistan, les principales zones de culture étaient sous le contrôle de la soi-disant "Alliance du Nord", un nom inventé par Rumsfeld pour cacher sa véritable composition de bandits et de voyous.

Depuis 1994, l'enquête annuelle sur le pavot à opium du programme de surveillance des cultures du PNUCID est la source la plus fiable de chiffres sur la culture du pavot et le potentiel de production d'opium. La plus récente, publiée en octobre 2008, a confirmé la chute spectaculaire de la culture du pavot à opium dans le détail, c'est-à-dire après la prise de contrôle par les Talibans. Avant cela, la "pression mondiale" n'avait pas eu d'impact sur les seigneurs de l'opium qui devaient ensuite être enrôlés dans la soi-disant "Alliance du Nord" de Rumsfeld.

Pour comprendre les complexités de l'économie afghane de l'opium, la série d'études stratégiques du PNUCID est assez utile, même si elle ne donne aucun détail sur les contrôleurs en coulisse. Elle documente l'expansion des champs de pavot en Afghanistan et les raisons qui la sous-tendent ; le rôle de l'opium comme source de crédit et dans les stratégies de subsistance des petits agriculteurs et des réfugiés de guerre ; le rôle des femmes dans l'économie de l'opium et la dynamique rurale derrière le commerce illicite, qui a rapporté des milliards de livres au BEIC et qui rapporte encore une fortune substantielle à ceux qui distribuent l'opium, comme les généraux de l'armée pakistanaise. Le dernier numéro de Global Illicit Drug Trends (2008) du Programme du Conseil des Nations unies sur les drogues (PNUCID), sous la supervision de Sandeep Chawla, chef de la section Recherche du PNUCID, comporte une section spéciale sur l'Afghanistan, avec un aperçu assez utile, mais limité des tendances de l'économie de l'opium depuis les premiers jours, expliquant comment l'Afghanistan est devenu le plus grand fournisseur d'opium au monde.

Dans mon livre, *Histoire du Comité des 300,*[2] j'ai donné un compte rendu détaillé de la façon dont ce groupe géant a pu faire autant d'argent sur la misère du commerce de l'opium imposé au peuple chinois par le gouvernement de la Grande-Bretagne. Le livre fournit un compte rendu détaillé de l'histoire du commerce infâme de l'opium et du trafic d'héroïne dans la région, y compris des transactions sanctionnées par la CIA et l'agence de renseignement pakistanaise ISI pendant le jihad contre l'occupation soviétique dans les années 1980. Il existe de nombreux rapports de "l'establishment" sur l'économie afghane criminalisée, largement consacrés à l'explication de deux décennies de tendances de contrebande avant et après 1989, qui tentent de donner l'impression que le commerce de contrebande

---

[2] *La hiérarchie des conspirateurs, histoire du Comité des 300*, Omnia Veritas Ltd, www.omnia-veritas.com.

d'opium est une chose relativement nouvelle.

La plupart d'entre eux mentionnent la période 1987-1989 comme étant la "date de début" du commerce de l'opium et des activités illégales qui en découlent, alors que les documents trouvés au British Museum et à l'India House montrent que le trafic illicite d'héroïne et de morphine a commencé avec l'arrivée des Britanniques en Afghanistan. L'Inde (plus tard le Pakistan) a été profondément impliquée dans ce commerce criminel qui a commencé sous la domination britannique en 1868 et se poursuit encore aujourd'hui. Le texte suivant est cité comme exemple de la nature édulcorée des reportages de l'establishment :

> Non seulement l'Afghanistan est devenu le plus grand producteur d'opium au monde et un centre de trafic d'armes, mais il soutient un commerce de plusieurs milliards de dollars de marchandises passées en contrebande de Dubaï au Pakistan. Cette économie criminalisée finance à la fois les talibans et leurs adversaires. Elle a transformé les relations et affaibli les États et les économies légales dans toute la région. Pour instaurer une paix durable, il faudra non seulement mettre fin aux combats et conclure un accord politique, mais aussi transformer l'économie régionale en offrant d'autres moyens de subsistance et en favorisant la responsabilisation.

À première vue, tout ce que contient le rapport est atténué et n'identifie personne. Mais ses objectifs semblent possibles, bien qu'en réalité, l'opium règne sur l'Afghanistan et le Pakistan (la partie qui était autrefois l'Inde) depuis 1625 et rien ne va changer cela. Et voici la fin de l'histoire : Les États-Unis et leurs soi-disant "partenaires de l'Alliance du Nord" ne feront rien pour mettre fin à ce commerce lucratif dont dépendent, pour leurs profits et leur existence même, pas moins de 23 banques britanniques installées à Dubaï, et dont les bénéfices sont acheminés vers les banques de la City de Londres. Quelle naïveté de croire que ces super-banques permettront à quiconque d'interférer avec leur machine à faire de l'argent !

Les documents de la British East India Company conservés à l'India House de Londres (avant qu'ils ne soient mystérieusement détruits) fournissaient des informations uniques sur le commerce de l'opium en Afghanistan et détaillaient les itinéraires de trafic du Nord, de l'Afghanistan à Dubaï en passant par le Pakistan. Ce commerce n'a jamais été considéré comme un "commerce criminel" à l'époque de la BEIC. La seule "activité criminelle" consignée dans ces documents concernait des bandits qui tentaient de détourner des trains de mules d'opium passant par le col de Khyber, où ils étaient repoussés par la fine fleur de l'armée britannique. Les chiffres américains sur l'Afghanistan ont été inexacts et fortement politisés au cours des vingt dernières années. Il est intéressant de noter que, dans ces récentes déclarations, la DEA utilise pour la première fois presque exclusivement les chiffres du PNUCID, qu'elle considérait comme largement surestimés, du moins jusqu'à il y a quelques années.

On se demande pourquoi. Il est politiquement opportun de citer des statistiques dans le cadre du stratagème américain visant à discréditer les talibans et à fusionner la "guerre contre la terreur" avec la "guerre contre la drogue". En réalité, ni l'un ni l'autre n'existe, mais la mascarade doit être maintenue pour fournir une excuse à des "lois" draconiennes et totalement inconstitutionnelles, qui violent de manière flagrante la Déclaration des Droits. C'est pourquoi nous ne pouvons pas trouver Ben Laden. Si nous le trouvions, soudainement, il n'y aurait plus de talibans et aucune raison de poursuivre la "guerre contre le terrorisme". En Afghanistan, avec la disparition des Talibans, le temps de la récolte est un non-événement pour les cultivateurs d'opium en Afghanistan et au Pakistan, une région qui rivalise maintenant avec l'Asie du Sud-Est en tant que plus grande source mondiale d'héroïne, la drogue dérivée du pavot à opium.

L'administration de G.W. Bush a décidé de ne pas détruire la culture de l'opium en Afghanistan. Assez curieusement, le président Bush, qui avait précédemment établi un lien direct entre le commerce de la drogue en Afghanistan et le terrorisme, a brusquement décidé de ne pas détruire la culture de l'opium en Afghanistan. Un responsable des services de renseignement américains, de retour d'Afghanistan, a rapporté cette information à un magazine d'information européen. La source, qui a demandé à ne pas être identifiée, a noté que les champs de pavot à opium sont en pleine floraison et prêts pour la récolte. Les forces américaines pourraient détruire les cultures en utilisant des techniques de pulvérisation aérienne, mais aucune action de ce type n'est prévue. Aucun lance-flammes n'est dirigé contre les bourgeons de pavot en train de mûrir, aucun signe de troupes arrachant les plantes et les brûlant. En fait, dans les champs de pavot, tout est paisible, car les agriculteurs savent que personne ne va les déranger. Ils ne se soucient pas non plus du "terrorisme" dans des pays lointains, mais certains agents de renseignements sont profondément inquiets de l'interdiction américaine de détruire les champs de pavot à opium.

Le rapport de l'ONU de janvier 2002 sur le trafic de drogue déclarait :

> Si les 3000 tonnes d'opium estimées arrivent sur le marché, cela entraînera une nouvelle recrudescence du terrorisme international et une grande perte de crédibilité internationale pour l'administration Bush et la capacité des États-Unis à mener la guerre au 21ème siècle. Les ennemis de l'Amérique dans le monde entier, de la Chine à la Corée du Nord en passant par l'Iran, seront enhardis par ce manque de vision stratégique et de volonté politique. Les États-Unis et tous leurs alliés ont signé une interdiction mondiale des ventes d'opium. En janvier 2002, l'ONU a publié un rapport sur la production d'opium en Afghanistan, soulignant que les forces alliées devaient agir rapidement pour détruire les cultures de pavot à opium de 2002 avant la fin du printemps. Les forces américaines et britanniques n'ont pas pris de telles mesures.

L'importance mondiale de l'interdiction de la culture et du trafic du pavot à opium en Afghanistan est énorme. L'Afghanistan a été la principale source d'opium illicite : 70% de la production mondiale d'opium illicite en 2000 et jusqu'à 90% de l'héroïne sur les marchés européens de la drogue provenaient d'Afghanistan. Selon des indications fiables, la culture du pavot à opium a repris depuis octobre 2001 dans certaines régions (comme les provinces méridionales d'Uruzgan, Helmand, Nangarhar et Kandahar), après la mise en œuvre effective de l'interdiction de culture décrétée par les Talibans en 2001, non seulement en raison de l'effondrement de l'ordre public, mais aussi parce que les agriculteurs cherchent désespérément un moyen de survie après la sécheresse prolongée.

Selon des sources du renseignement, la CIA s'oppose à la destruction de la culture du pavot à opium afghan, car une telle mesure entraînerait le renversement du gouvernement pakistanais. Selon ces sources, les services de renseignement pakistanais ont menacé de renverser le président Musharraf au cas où il ordonnerait la destruction des cultures. L'histoire du Pakistan nous fait penser qu'il ne s'agit pas d'une menace en l'air. L'ancien président pakistanais A. H. Bhutto a été judiciairement pendu pour avoir tenté de mettre fin au commerce et son successeur, le général Zia ul Haq, est mort dans un très mystérieux accident d'avion après avoir écrémé de l'argent, argent qui était destiné aux banques de la City de Londres. La menace de renverser Musharraf est motivée en partie par des groupes radicaux islamiques liés au service de renseignement pakistanais, Inter-Services Intelligence (ISI). Les groupes radicaux obtiendraient leur principal financement par la production et le commerce de l'opium. Les hauts gradés de l'armée pakistanaise sont profondément impliqués dans la surveillance du passage de l'opium dans leur pays — comme ils l'ont toujours été — et ne toléreraient aucune interruption de ce commerce. Les services de renseignements pakistanais sont totalement corrompus et peu fiables, sans compter qu'ils sont instables et déloyaux. Ils se plient aux exigences du plus offrant et se moquent des principes religieux. La CIA est de mèche avec eux depuis de nombreuses années et il est peu probable qu'elle change de cap. Comme l'a amèrement conclu Bhutto :

> Si elle [la CIA] s'oppose en fait à la destruction du commerce de l'opium en Afghanistan, cela ne servira qu'à perpétuer la croyance que la CIA est une agence dépourvue de morale, qui suit son propre programme plutôt que celui de notre gouvernement constitutionnellement élu. Si nous ne saisissons pas cette occasion pour détruire la production d'opium en Afghanistan, nous serons pires que les talibans, qui l'ont arrêtée malgré les affirmations contraires.

La décision de la CIA de ne pas arrêter la production d'opium en Afghanistan a été approuvée par le Comité des 300, leur patron suprême. Selon des sources du renseignement, les gouvernements britannique et français ont discrètement donné leur approbation à la politique américaine. La CIA a l'habitude de soutenir le trafic international de drogue et a agi de manière presque identique pendant la guerre du Vietnam, qui a eu des conséquences catastrophiques : une forte augmentation du commerce de l'héroïne aux États-Unis à partir des années 1970 est directement imputable à la CIA. La célèbre interview accordée par Chou En Lai au journal égyptien *Al Ahram* étaye l'affirmation selon laquelle la CIA est complice du commerce mondial de la drogue depuis des années. C'est ce que souhaite le Comité des 300. Selon des sources du renseignement, une simple subvention de 2000 dollars par an, ne dépassant pas 20 millions de dollars au total, versée directement aux agriculteurs afghans, mettrait fin à toute production d'opium. La guerre américaine en Afghanistan a déjà coûté environ 40 milliards de dollars, et pas un seul centime n'a été dépensé pour éradiquer les champs de pavot et interdire le flux d'opium brut vers le Pakistan. (Chiffres 2009 du Département d'État américain).

Maintenant que nous savons que les millions de dollars gaspillés dans les campagnes publicitaires américaines liant la vente de drogues illégales au terrorisme étaient mensongers, et maintenant que nous savons que l'administration Bush a protégé la production d'opium en Afghanistan, nous commençons à avoir une bonne idée de l'ampleur de l'erreur de la guerre en Afghanistan, et de la raison pour laquelle les États-Unis ont choisi le Pakistan comme "notre principal allié dans la lutte contre le terrorisme". Mettre fin à la production d'opium en Afghanistan ne coûterait pas un dixième des millions de dollars dépensés en publicité télévisée sur notre "guerre contre le terrorisme — guerre contre la drogue", mais l'étrange manque d'action en Afghanistan contre le commerce de la drogue par Rumsfeld le "faucon de guerre" et l'administration Bush en général, montre à quel point la soi-disant "guerre contre le terrorisme" est hypocrite et défectueuse. Chaque fois que vous voyez une tête parlante comme Bill O'Reilly annoncer un nouveau succès dans la saisie de l'argent des terroristes, rappelez-vous que ce n'est qu'une goutte d'eau dans l'océan comparé aux milliards de dollars qui affluent dans les coffres des banques de Dubaï du Comité des 300, et sachez que cela ne fera pas la moindre différence dans le flux d'argent illégal de l'opium afghan dans les banques de la City de Londres et les banques offshore, sans parler du flux d'héroïne en Amérique. La guerre en Afghanistan n'est pas gagnée. Nos troupes ne rentreront jamais à la maison. Le commerce de l'opium doit être surveillé.

L'Office des Nations Unies contre la drogue et le crime (ONUDC) a publié son enquête d'évaluation rapide de la culture du pavot à opium en Afghanistan. Le gouvernement fédéral à Washington DC a également publié son rapport annuel sur les facteurs de la culture de l'opium. En réponse, le ministre britannique des Affaires étrangères, Kim Howells, a déclaré :

> Le gouvernement britannique veut réduire la quantité d'héroïne en provenance d'Afghanistan qui arrive dans nos rues. L'ampleur du trafic de drogue en Afghanistan est énorme et la stratégie visant à éradiquer ce commerce prendra du temps — il n'y a pas de solution miracle. La culture de l'opium en Afghanistan fluctuera en quantité, comme cela a été le cas dans un passé récent.

Une enquête menée par l'ONU en 2008 a fourni une indication très précoce des niveaux de culture possibles cette année. Par rapport aux bons résultats de l'année dernière, qui montraient un déclin de la production, ce rapport indique des niveaux de culture stables dans la majorité des 31 provinces afghanes, une augmentation de la culture dans 13 provinces et une diminution de la culture dans trois provinces. Mais comme le rapport des conducteurs indépendants produit pour le FCO l'indique clairement, il est trompeur de se concentrer uniquement sur les chiffres clés, car le tableau général est plus complexe. Il existe une grande diversité de cultures et de facteurs influençant les agriculteurs à travers le pays.

L'enquête n'a jamais évalué les progrès de la mise en œuvre de la campagne d'éradication, mais a seulement indiqué que l'éradication sera mieux organisée en 2009 et devrait donc être plus réussie qu'en 2008. L'augmentation actuelle de la culture du pavot ne signifie pas que des progrès ne sont pas réalisés dans la lutte contre le commerce. L'éradication n'est qu'une partie de la stratégie afghane et internationale globale de lutte contre la culture du pavot : d'importantes saisies sont effectuées, la police afghane est formée, des moyens de subsistance alternatifs sont créés et des institutions de lutte contre les stupéfiants sont mises en place. Depuis l'invasion de l'Afghanistan par les États-Unis en octobre 2001, le commerce de l'opium du Croissant d'or a explosé. Selon les médias américains, cette contrebande lucrative est protégée par les talibans, sans parler, bien sûr, des seigneurs de guerre régionaux, au mépris de la "communauté internationale". On dit que le commerce de l'héroïne "remplit les coffres des Talibans". Selon les termes du département d'État américain :

> L'opium est une source qui rapporte littéralement des milliards de dollars aux groupes extrémistes et criminels… La réduction de l'approvisionnement en opium est essentielle pour établir une démocratie sûre et stable, ainsi que pour gagner la guerre mondiale contre le terrorisme.
>
> Déclaration du secrétaire d'État adjoint Robert Charles, audition au Congrès, 1er avril 2004.

Selon l'Office des Nations unies contre la drogue et le crime (ONUDC), la production d'opium en Afghanistan en 2008 est estimée à 6000 tonnes, avec une superficie cultivée de l'ordre de 80 000 hectares. Le département d'État suggère que jusqu'à 120 000 hectares étaient cultivés en 2008. Nous pourrions être sur la voie d'une augmentation significative. Certains observateurs indiquent une augmentation de 50 à 100% de la récolte de 2008 par rapport aux chiffres déjà inquiétants de l'année dernière. En réponse à l'augmentation de la production d'opium après la chute des talibans, l'administration Bush a renforcé ses activités de lutte contre le terrorisme, tout en allouant d'importantes sommes d'argent public à l'initiative de la Drug Enforcement Administration en Asie occidentale, baptisée "Operation Containment". Les divers rapports et déclarations officielles sont, bien entendu, mêlés à l'habituelle autocritique "équilibrée" selon laquelle "la communauté internationale n'en fait pas assez" et que ce dont nous avons besoin, c'est de "transparence". Remarques au nom du directeur exécutif de l'ONUDC à l'Assemblée générale des Nations Unies, octobre 2001 :

> Les titres sont les suivants : "La drogue, les seigneurs de la guerre et l'insécurité assombrissent le chemin de l'Afghanistan vers la démocratie."

En chœur, les médias américains accusent le défunt "régime islamique pur et dur", sans même reconnaître que les talibans — en collaboration avec les Nations unies — avaient imposé avec succès une interdiction de la culture du pavot en 2000. La production d'opium a diminué de plus de 90% en 2001.

En fait, l'augmentation de la production d'opium a coïncidé avec l'assaut de l'opération militaire menée par les États-Unis et la chute du régime taliban. D'octobre à décembre 2001, les agriculteurs ont commencé à replanter du pavot sur une base extensive. Le succès du programme d'éradication de la drogue mené par l'Afghanistan en 2000 sous le régime des Talibans avait été reconnu lors de la session d'octobre 2001 de l'Assemblée générale des Nations unies (qui s'est tenue quelques jours à peine après le début des bombardements de 2001). Aucun autre pays membre de l'ONUDC n'a été en mesure de mettre en œuvre un programme comparable :

> S'agissant tout d'abord de la lutte contre la drogue, j'avais prévu de concentrer mes remarques sur les implications de l'interdiction par les talibans de la culture du pavot à opium dans les zones qu'ils contrôlent…

Nous disposons maintenant des résultats de notre enquête annuelle sur le terrain concernant la culture du pavot en Afghanistan. La production de cette année (2001) est d'environ 185 tonnes. Elle est inférieure aux 3300 tonnes de l'année dernière (2000), soit une baisse de plus de 94%. Par rapport à la récolte record de 4700 tonnes d'il y a deux ans, la baisse est largement supérieure à 97%. Toute diminution de la culture illicite est la bienvenue, surtout dans des cas comme celui-ci où aucun déplacement, local ou dans d'autres pays, n'a eu lieu pour affaiblir le résultat.

Au lendemain de l'invasion américaine, la rhétorique a changé. L'UNODC agit maintenant comme si l'interdiction de l'opium de 2000 n'avait jamais eu lieu :

> ... La bataille contre la culture de stupéfiants a été menée et gagnée dans d'autres pays et il est possible de le faire ici (en Afghanistan), avec une gouvernance forte et démocratique, une assistance internationale et une amélioration de la sécurité et de l'intégrité.
>
> Déclaration du représentant de l'ONUDC en Afghanistan lors de la Conférence internationale sur la lutte contre les stupéfiants de février 2004.

En fait, Washington et l'ONUDC affirment aujourd'hui que l'objectif des Talibans en 2000 n'était pas vraiment "l'éradication de la drogue", mais un plan sournois visant à déclencher "une pénurie artificielle de l'offre" qui ferait grimper les prix mondiaux de l'héroïne. Ironiquement, cette logique tordue, qui fait maintenant partie d'un nouveau "consensus des Nations unies", est réfutée par un rapport du bureau de l'ONUDC au Pakistan, qui a confirmé, à l'époque, qu'il n'y avait aucune preuve de stockage par les Talibans.

> Desert News, Salt Lake City, Utah, 5 octobre 2003.

> À la suite du bombardement de l'Afghanistan par les États-Unis en 2001, le gouvernement britannique de Tony Blair s'est vu confier par le G8, le groupe des principales nations industrielles, la réalisation d'un programme d'éradication de la drogue qui devait, en théorie, permettre aux agriculteurs afghans de passer de la culture du pavot à d'autres cultures. Les Britanniques travaillaient à partir de Kaboul, en étroite liaison avec les autorités afghanes.

L'opération "Containment" de la DEA américaine. Le programme d'éradication des cultures parrainé par le Royaume-Uni est un écran de fumée évident. Depuis octobre 2001, la culture du pavot à opium est montée en flèche. L'un des objectifs "cachés" de la guerre était précisément de ramener le commerce de la drogue parrainé par la CIA à ses niveaux historiques et d'exercer un contrôle direct sur les routes de la drogue. Immédiatement après l'invasion d'octobre 2001, les marchés de l'opium ont été rétablis. Les prix de l'opium ont grimpé en flèche. Début 2009, le prix de l'opium (en dollars/kg) était presque 15 fois plus élevé qu'en 2000. En 2001, sous le régime des talibans, la production d'opiacés s'élevait à 185 tonnes, et elle est passée à 3400 tonnes en 2002 sous le régime fantoche du président Hamid Karzai, parrainé par les États-Unis. Tout en soulignant la lutte patriotique de Karzai contre les talibans, les médias ont omis de mentionner que Karzai avait en fait collaboré avec les talibans. Il était également au service d'une grande compagnie pétrolière américaine, UNOCAL. En fait, depuis le milieu des années 1990, Hamid Karzai a agi en tant que consultant et lobbyiste pour UNOCAL dans les négociations avec les Talibans. Selon le journal saoudien *Al-Watan* :

> Karzai est un opérateur clandestin de la Central Intelligence Agency depuis les années 1980. Il a acheminé l'aide américaine aux talibans à partir de 1994, lorsque les Américains ont secrètement et par l'intermédiaire des Pakistanais (plus précisément la ISI) soutenus la prise de pouvoir des talibans.

Il convient de rappeler l'histoire du trafic de drogue du Croissant d'Or, qui est intimement liée aux opérations secrètes de la CIA dans la région depuis l'assaut de la guerre soviéto-afghane et ses conséquences. Avant la guerre soviéto-afghane (1979-1989), la production d'opium en Afghanistan et au Pakistan était destinée à de petits marchés régionaux. Il n'y avait pas de production locale d'héroïne. L'économie afghane des stupéfiants était un projet soigneusement conçu par la CIA, soutenu par la politique étrangère des États-Unis. Comme l'ont révélé les scandales Iran-Contra et Bank of Commerce and Credit International (BCCI), les opérations secrètes de la CIA en faveur des moudjahidines afghans ont été financées par le blanchiment de l'argent de la drogue. L'"argent sale" était recyclé par le biais d'un certain nombre d'institutions bancaires (au Moyen-Orient) ainsi que par des sociétés-écrans anonymes de la CIA, en "argent secret", utilisé pour financer divers groupes d'insurgés pendant la guerre soviéto-afghane et ses suites. Parce que les États-Unis voulaient fournir aux rebelles moudjahidines en Afghanistan des missiles anti-aériens Stinger et d'autres matériels militaires, ils avaient besoin de l'entière coopération du Pakistan. Au milieu des années 1980, l'opération de la CIA à Islamabad était l'une des plus grandes stations de renseignement américaines dans le monde.

> "Si la BCCI est si embarrassante pour les États-Unis que des enquêtes franches ne sont pas menées, cela a beaucoup à voir avec le fait que les États-Unis ont fermé les yeux sur le trafic d'héroïne au Pakistan", a déclaré un agent de renseignement américain.

L'étude du chercheur Alfred McCoy confirme que dans les deux ans qui ont suivi l'attaque de l'opération secrète de la CIA en Afghanistan en 1979, les zones frontalières entre le Pakistan et l'Afghanistan sont devenues le premier producteur mondial d'héroïne, fournissant 60% de la demande américaine. Au Pakistan, le nombre d'héroïnomanes est passé de presque zéro en 1979 à 1,2 million en 1985, soit une augmentation beaucoup plus forte que dans n'importe quelle autre nation ; les moyens de la CIA contrôlaient à nouveau ce commerce de l'héroïne. Lorsque les guérillas moudjahidines se sont emparées de territoires en Afghanistan, elles ont ordonné aux paysans de planter de l'opium en guise d'impôt révolutionnaire. De l'autre côté de la frontière, au Pakistan, les dirigeants afghans et les syndicats locaux, sous la protection des services secrets pakistanais, exploitaient des centaines de laboratoires d'héroïne. Au cours de cette décennie de trafic de drogue à grande échelle, l'agence américaine de lutte contre la drogue à Islamabad n'a pas réussi à effectuer la moindre saisie ou arrestation importante.

Les responsables américains avaient refusé d'enquêter sur les accusations de trafic d'héroïne par leurs alliés afghans parce que la politique américaine en matière de stupéfiants en Afghanistan a été subordonnée aux priorités de la guerre contre l'influence soviétique dans ce pays. En 1995, l'ancien directeur de la CIA chargé de l'opération en Afghanistan, Charles Cogan, a admis que la CIA avait effectivement sacrifié la guerre de la drogue pour lutter contre la guerre froide :

> Notre mission principale était de faire autant de dégâts que possible aux Soviétiques. Nous n'avions pas vraiment les ressources ou le temps à consacrer à une enquête sur le trafic de drogue.
>
> Je ne pense pas que nous ayons besoin de nous excuser pour cela. Chaque situation a ses retombées. Il y a eu des retombées en termes de drogues, oui. Mais l'objectif principal a été accompli. Les Soviétiques ont quitté l'Afghanistan.

Le rôle de la CIA, qui est amplement documenté, n'est pas mentionné dans les publications officielles de l'ONUDC, qui se concentrent sur les facteurs sociaux et politiques internes. Il va sans dire que les racines historiques du commerce de l'opium ont été grossièrement déformées. Selon l'ONUDC, la production d'opium en Afghanistan a été multipliée par plus de 15 depuis 1979. À la suite de la guerre soviéto-afghane, la croissance de l'économie des stupéfiants s'est poursuivie sans relâche. Les Talibans, soutenus par les États-Unis, ont initialement contribué à la poursuite de la croissance de la production d'opiacés jusqu'à l'interdiction de l'opium en 2000. Ce recyclage de l'argent de la drogue a servi à financer les insurrections de l'après-guerre froide en Asie centrale et dans les Balkans, y compris Al-Qaïda. Pour plus de détails, voir Michel Chossudovsky, *War and Globalization, The Truth behind September 11*, Global Outlook, 2002.

Les stupéfiants : derrière le marché du pétrole et le commerce des armes

Les revenus générés par le trafic de drogue afghan parrainé par la CIA sont considérables. Le commerce afghan d'opiacés constitue une part importante du chiffre d'affaires annuel mondial des stupéfiants, qui a été estimé par les Nations unies à un montant de l'ordre de 400 à 500 milliards de dollars. Au moment où ces chiffres de l'ONU ont été publiés pour la première fois (1994), le commerce mondial (estimé) de la drogue était du même ordre de grandeur que le commerce mondial du pétrole.

Le FMI a estimé que le blanchiment d'argent au niveau mondial se situe entre 590 milliards et 1,5 trillion de dollars par an, ce qui représente 2 à 5% du PIB mondial. (*Asian Banker*, 15 août 2003.) Une grande partie du blanchiment d'argent mondial estimé par le FMI est liée au commerce des stupéfiants. Sur la base des chiffres de 2003, le trafic de drogue constitue "la troisième plus grande marchandise mondiale en termes d'argent liquide après le pétrole et le commerce des armes." *The Independent*, 29 février 2004.

En outre, les chiffres ci-dessus, y compris ceux relatifs au blanchiment d'argent, confirment que la majeure partie des revenus associés au commerce mondial des stupéfiants n'est pas accaparée par les groupes terroristes et les seigneurs de la guerre, comme le suggère le rapport de l'ONUDC. De puissants intérêts commerciaux et financiers se cachent derrière les stupéfiants. De ce point de vue, le contrôle géopolitique et militaire des routes de la drogue est aussi stratégique que le pétrole et les oléoducs. Toutefois, ce qui distingue les stupéfiants du commerce légal des marchandises, c'est que les stupéfiants constituent une source majeure de formation de richesse non seulement pour le crime organisé, mais aussi pour l'appareil de renseignement américain, qui constitue de plus en plus un acteur puissant dans les sphères de la finance et de la banque. À son tour, la CIA, qui protège le commerce de la drogue, a développé des liens commerciaux et d'infiltration complexes avec les principaux syndicats criminels impliqués dans le commerce de la drogue. En d'autres termes, les agences de renseignement et les puissants syndicats d'affaires alliés au crime organisé se disputent le contrôle stratégique des routes de l'héroïne. Les revenus de plusieurs milliards de dollars provenant des narcotiques sont déposés dans le système bancaire occidental.

La plupart des grandes banques internationales, ainsi que leurs filiales dans les paradis bancaires offshore, blanchissent de grandes quantités de narcodollars. Ce commerce ne peut prospérer que si les principaux acteurs impliqués dans les stupéfiants ont des "amis politiques haut placés".

Les entreprises légales et illégales sont de plus en plus entremêlées ; la ligne de démarcation entre les "hommes d'affaires" et les criminels est floue. À leur tour, les relations entre les criminels, les politiciens et les membres des services de renseignement ont entaché les structures de l'État et le rôle de ses institutions. Ce commerce est caractérisé par un réseau complexe d'intermédiaires. Il existe plusieurs étapes du commerce de la drogue, plusieurs marchés imbriqués, depuis le cultivateur de pavot appauvri en Afghanistan jusqu'aux marchés de gros et de détail de l'héroïne dans les pays occidentaux. En d'autres termes, il existe une "hiérarchie du contrôle des prix" pour les opiacés.

Cette hiérarchie est reconnue par l'administration américaine :

> L'héroïne afghane se vend sur le marché international des stupéfiants 100 fois plus cher que le prix que les agriculteurs obtiennent pour leur opium à la sortie du champ.
>
> Département d'État américain cité par *Voice of America*.

Selon l'ONUDC, l'opium en Afghanistan a généré en 2003… un revenu d'un milliard de dollars américains pour les agriculteurs et de 1,3 milliard de dollars américains pour les trafiquants, soit plus de la moitié de son revenu national. Conformément à ces estimations de l'ONUDC, le prix moyen de l'opium frais était de 350 dollars le kg. (2002) ; la production de 2002 était de 3400 tonnes. Les estimations de l'ONUDC, basées sur les prix locaux à la ferme et en gros, ne constituent toutefois qu'un très faible pourcentage du chiffre d'affaires total du commerce de la drogue afghan, qui représente plusieurs milliards de dollars. L'ONUDC estime le "chiffre d'affaires annuel total du commerce international" des opiacés afghans à 30 milliards de dollars américains. Un examen des prix de gros et de détail de l'héroïne dans les pays occidentaux suggère toutefois que les revenus totaux générés, y compris ceux au niveau du détail, sont nettement plus élevés. On estime qu'un kilo d'opium produit environ 100 grammes d'héroïne (pure).

La DEA américaine confirme que l'héroïne SWA (South West Asia, c'est-à-dire l'Afghanistan) se vendait à New York à la fin des années 1990 entre 85 000 et 190 000 dollars le kilogramme en gros avec un taux de pureté de 75%. Depuis que ces chiffres ont été publiés, des sources indiquent que les prix de l'héroïne ont connu une croissance de 450%.

Selon la Drug Enforcement Administration (DEA) des États-Unis, "le prix de l'héroïne de l'Asie du Sud-Est (ASE) varie entre 70 000 à 100 000 dollars par unité (700 grammes) et la pureté de l'héroïne SEA variait de 85 à 90%". L'unité SEA de 700 grammes (pureté de 85 à 90%) se traduit par un prix de gros par kg. pour l'héroïne pure compris entre 115 000 et 163 000 dollars. Les chiffres cités par la DEA, bien qu'ils reflètent la situation dans les années 1990, correspondent dans l'ensemble aux chiffres britanniques de 2002. Selon un rapport publié dans le *Guardian* (11 août 2002), le prix de gros de l'héroïne (pure) à Londres (Royaume-Uni) était de l'ordre de 50 000 livres sterling, soit environ 80 000 dollars (2002). Alors qu'il existe une concurrence entre les différentes sources d'approvisionnement en héroïne, il convient de souligner que l'héroïne afghane représente un pourcentage plutôt faible du marché américain de l'héroïne, qui est en grande partie approvisionné par la Colombie.

Le département de police de New York (NYPD) note que les prix de détail de l'héroïne sont en baisse et que la pureté est relativement élevée. L'héroïne, qui se vendait auparavant environ 90 dollars le gramme, se vend maintenant entre 65 et 70 dollars le gramme, voire moins. Les informations anecdotiques de la police de New York indiquent que la pureté d'un sac d'héroïne varie généralement entre 50 et 80%, mais peut descendre jusqu'à 30%. Des informations datant de juin 2008 indiquent que les ballots (10 sacs) achetés par des acheteurs dominicains à des vendeurs dominicains en plus grandes quantités (environ 150 ballots) se vendaient pour la modique somme de 40 $ chacun, ou 55 $ chacun à Central Park. La DEA signale que l'once d'héroïne se vend généralement entre 2500 et 5000 dollars, le gramme entre 70 et 95 dollars, le paquet entre 80 à 90 dollars, et un sac pour 10 dollars.

Le DMP rapporte que la pureté moyenne de l'héroïne au niveau de la rue en 1999 était d'environ 62%. Les chiffres du NYPD et de la DEA concernant les prix de détail semblent cohérents. Le prix de 70 à 95 dollars de la DEA, avec une pureté de 62%, se traduit par 112 à 153 dollars par gramme d'héroïne pure. Les chiffres de la police de New York sont à peu près similaires, avec des estimations peut-être plus basses pour la pureté. Il convient de noter que lorsque l'héroïne est achetée en très petites quantités, le prix de détail a tendance à être beaucoup plus élevé. Aux États-Unis, l'achat se fait souvent au "sac" (le sac type contient 25 milligrammes d'héroïne pure). Un sac de 10 dollars à New York (selon le chiffre de la DEA cité ci-dessus) se convertirait en un prix de 400 dollars par gramme, chaque sac contenant 0,025 gramme d'héroïne pure. En d'autres termes, pour les très petits achats commercialisés par les revendeurs de rue, la marge de détail a tendance à être nettement plus élevée. Dans le cas de l'achat d'un sac de 10 $, elle représente environ 3 à 4 fois le prix de détail correspondant par gramme (112 $ — 153 $). En Grande-Bretagne, le prix de détail par gramme d'héroïne, selon des sources de la police britannique, "... est tombé de 74 £ en 1997 à 61 £ (en 2004)". (c'est-à-dire d'environ 133 $ à 110 $, sur la base du taux de change de 2004) *Independent*, 3 mars 2004.

Dans certaines villes, il n'était que de 30 à 40 £ par gramme avec un faible niveau de pureté. Le prix moyen d'un gramme d'héroïne en Grande-Bretagne se situe entre 40 et 90 £ (72 à 162 $ par gramme). (Le rapport ne mentionne pas la pureté.) Le prix de l'héroïne dans la rue était de 80 £ par gramme en avril 2007 selon le National Criminal Intelligence Service. Il s'agit de prix, depuis le prix à la ferme dans le pays producteur, jusqu'au prix de détail final dans la rue. Ce dernier est souvent 80 à 100 fois supérieur au prix payé à l'agriculteur. En d'autres termes, le produit opiacé transite par plusieurs marchés, du pays producteur aux pays de transbordement, puis aux pays consommateurs. Dans ces derniers, il existe de grandes marges entre le "prix de débarquement" au point d'entrée, exigé par les cartels de la drogue, et les prix de gros et de détail dans la rue, protégés par le crime organisé occidental. En Afghanistan, la production déclarée de 3600 tonnes d'opium en 2003 permettrait de produire environ 360 000 kg d'héroïne pure. Les revenus bruts des agriculteurs afghans sont estimés par l'ONUDC à environ 1 milliard de dollars, dont 1,3 milliard pour les trafiquants locaux. Lorsqu'elle est vendue sur les marchés occidentaux à un prix de gros de l'héroïne de l'ordre de 100 000 dollars le kg (avec un taux de pureté de 70%), le produit mondial de la vente en gros (correspondant à 3600 tonnes d'opium afghan) serait de l'ordre de 51,4 milliards de dollars.

Ce dernier chiffre constitue une estimation prudente basée sur les différents chiffres relatifs aux prix de gros présentés dans la section précédente. Le produit total du commerce de stupéfiants afghan (en termes de valeur ajoutée totale) est estimé en utilisant le prix de détail final de l'héroïne. En d'autres termes, la valeur au détail du commerce est en définitive le critère permettant de mesurer l'importance du commerce de la drogue en termes de génération de revenus et de formation de richesse. Une estimation significative de la valeur au détail est toutefois presque impossible à établir en raison du fait que les prix de détail varient considérablement au sein des zones urbaines, d'une ville à l'autre et entre les pays consommateurs, sans parler des variations de pureté et de qualité. Les données relatives aux marges de détail, à savoir la différence entre les prix de gros et les prix de détail dans les pays consommateurs, suggèrent néanmoins qu'une grande partie du produit total (monétaire) du commerce de la drogue est générée au niveau du détail. En d'autres termes, une part importante des recettes du commerce de la drogue revient aux syndicats criminels et commerciaux des pays occidentaux impliqués dans les marchés locaux de gros et de détail des stupéfiants. Et les diverses bandes criminelles impliquées dans le commerce de détail sont invariablement protégées par des syndicats du crime "corporatifs".

90% de l'héroïne consommée au Royaume-Uni provient d'Afghanistan. Si l'on utilise le prix de détail britannique de 110 dollars le gramme (avec un niveau de pureté supposé de

50%), la valeur de détail totale du commerce de stupéfiants afghan en 2003 (3600 tonnes d'opium) serait de l'ordre de 79,2 milliards de dollars. Ce dernier chiffre doit être considéré comme une simulation plutôt que comme une estimation. Dans cette hypothèse (simulation), un milliard de dollars de recettes brutes pour les agriculteurs afghans (2003) généreraient des recettes mondiales de stupéfiants — cumulées à différents stades et sur différents marchés — de l'ordre de 79,2 milliards de dollars.

Ces recettes mondiales reviennent aux syndicats d'affaires, aux agences de renseignement, au crime organisé, aux institutions financières, aux grossistes, aux détaillants, etc. impliqués directement ou indirectement dans le commerce de la drogue. À leur tour, les produits de ce commerce lucratif sont déposés dans des banques occidentales, qui constituent un mécanisme essentiel du blanchiment de l'argent sale. Un très faible pourcentage revient aux agriculteurs et aux commerçants du pays producteur. Il ne faut pas oublier que le revenu net des agriculteurs afghans ne représente qu'une fraction du montant estimé à un milliard de dollars. Ce dernier ne comprend pas le paiement des intrants agricoles, les intérêts sur les prêts aux prêteurs, la protection politique, etc. L'Afghanistan produit plus de 70% de l'offre mondiale d'héroïne et l'héroïne représente une fraction non négligeable du marché mondial des stupéfiants, estimé par les Nations unies à environ 400-500 milliards de dollars.

Il n'existe pas d'estimations fiables sur la répartition du commerce mondial des stupéfiants entre les principales catégories :

> ➢ Cocaïne, Opium/Héroïne,

> ➢ Cannabis, Stimulants de type amphétamine (STA)

> ➢ D'autres médicaments.

Le produit du commerce de la drogue est déposé dans le système bancaire normal. L'argent de la drogue est blanchi dans les nombreux paradis bancaires offshore en Suisse, au Luxembourg, dans les îles anglo-normandes, dans les îles Caïmans et dans une cinquantaine d'autres endroits dans le monde. C'est là qu'interagissent les syndicats du crime impliqués dans le trafic de drogue et les représentants des plus grandes banques commerciales du monde. L'argent sale est déposé dans ces paradis offshore, qui sont contrôlés par les grandes banques commerciales occidentales. Ces dernières ont tout intérêt à maintenir et à soutenir le commerce de la drogue.

Une fois blanchi, l'argent peut être recyclé en investissements authentiques, non seulement dans l'immobilier, l'hôtellerie, etc., mais aussi dans d'autres domaines tels que l'économie des services et l'industrie manufacturière. L'argent sale et secret est également acheminé vers divers instruments financiers, notamment le commerce de produits dérivés, de matières premières, d'actions et d'obligations d'État. La politique étrangère des États-Unis soutient les rouages d'une économie criminelle florissante dans laquelle la démarcation entre le capital organisé et le crime organisé est de plus en plus floue.

Le commerce de l'héroïne ne "remplit pas les coffres des talibans" comme le prétendent le gouvernement américain et la communauté internationale : c'est tout le contraire ! Les recettes de ce commerce illégal sont à l'origine de la formation de richesses, dont profitent largement de puissants intérêts commerciaux et criminels dans les pays occidentaux.

Ces intérêts sont soutenus par la politique étrangère des États-Unis. Les décisions prises par le Département d'État américain, la CIA et le Pentagone contribuent à soutenir ce commerce très rentable de plusieurs milliards de dollars, le troisième en valeur après le pétrole et le commerce des armes.

L'économie afghane de la drogue est "protégée". Le commerce de l'héroïne faisait partie du programme de guerre. Ce que cette guerre a permis de faire, c'est de restaurer un État narcotique complaisant, dirigé par une marionnette nommée par les États-Unis.

Les puissants intérêts financiers qui se cachent derrière les narcotiques sont soutenus par la militarisation des principaux triangles mondiaux de la drogue (et des routes de transbordement), notamment le Croissant d'Or et la région andine de l'Amérique du Sud (dans le cadre de l'Initiative andine).

La culture du pavot à opium en Afghanistan

Année	Production (en tonnes)	Cultures (en hectares)
1994	71,470	3,400
1995	53,759	2,300
1996	56,824	2,200
1997	58,416	2,800
1998	63,674	2,700
1999	90,983	4,600
2000	82,172	3,300
2001	7,606	185
2002	74,000	3,400
2007	88,000	4,000

Chapitre 3

La fausse guerre de la drogue

D ans l'histoire de toutes les nations, il y a un point clairement défini où l'on peut retracer un déclin marqué menant à sa chute inévitable. C'est le cas de l'Inde, même si l'on remonte à la culture Harappa, à l'invasion de l'Inde et aux grandes cultures aryennes mises en place par les Scythes et les Hellènes sous Alexandre le Grand. Les principaux changements culturels qui ont ruiné les civilisations en Europe sont venus de quatre voies principales.

> ➢ De l'Asie occidentale à l'Europe centrale et occidentale en passant par la Russie.

> ➢ De l'Asie Mineure à la Méditerranée occidentale en passant par la mer Égée.

> ➢ Du Proche-Orient et de la mer Égée à la Méditerranée occidentale par voie maritime.

> ➢ De l'Afrique du Nord à l'Espagne et à l'Europe occidentale.

Les civilisations grecque et romaine ont toutes deux été détruites par ces courants ou une combinaison de ceux-ci. Il est certain que les déplacements massifs de personnes et la diffusion de diverses cultures ont joué un rôle majeur dans le façonnement de l'avenir des nations. Il est clairement établi que ces mouvements de masse ont été induits par des raisons commerciales et politiques. Des personnes et des cultures étrangères ont commencé à réclamer des "droits" dans la Rome antique. Pour des raisons politiques, les dirigeants romains décadents ont accédé à ces demandes. Nulle part ailleurs ce courant de mouvement de masse de personnes pour des raisons politiques ne peut être tracé plus clairement que dans l'histoire des États-Unis d'Amérique. En 1933, le président Franklin Delano Roosevelt a ouvert en grand les vannes d'une invasion de peuples d'Europe de l'Est dont la culture était totalement étrangère à la culture chrétienne anglo-saxonne, alpine nordique et germanique lombarde qui constituait la masse du peuple des États-Unis. Il a fait cela à des fins purement politiques, sachant que les immigrants étrangers voteraient pour lui et son parti.

Ce vaste raz-de-marée de personnes non assimilées socialement et culturellement est le résultat de décisions politiques prises par les Conspirateurs dont le but était de détruire l'Amérique chrétienne. Cette politique se poursuit aujourd'hui. Les États-Unis sont submergés par des peuples étrangers venus d'Asie Mineure, d'Extrême-Orient, du Proche-Orient, des îles du Pacifique, d'Europe de l'Est, d'Amérique centrale et d'Amérique du Sud, à tel point que l'on peut dire que le déclin et la chute des États-Unis, commencés en 1933, sont maintenant bien avancés.

Les changements culturels ont été vastes, surtout depuis 1933. Sous couvert de "tolérance" et d'"internationalisme", la population chrétienne occidentale des États-Unis a été contrainte de reculer devant les pressions du "libéralisme". Le compromis est devenu l'ordre du jour. L'éthique chrétienne blanche qui abondait autrefois aux États-Unis a commencé à se noyer dans une mer d'idées non chrétiennes qui, si elles ne sont pas contrôlées, feront aux États-Unis, dans un temps relativement court, ce qui a été fait à Rome.

L'un des efforts les plus diaboliques pour détruire l'éthique chrétienne occidentale de ce que j'appelle le peuple indigène d'Amérique, c'est-à-dire les chrétiens blancs, dont les ancêtres venaient d'Angleterre, d'Irlande, d'Écosse, du Pays de Galles, d'Allemagne, de Scandinavie, de France et d'Italie, a été le ravage culturel provoqué par la musique rock and roll accompagnée de l'usage massif de drogues qui créent une dépendance, comme la marijuana, les substances chimiques, l'héroïne et la cocaïne. Nous ne devons jamais tomber dans le piège qui consiste à penser que ces changements culturels désastreux sont arrivés par hasard. Le hasard ne joue aucun rôle dans ces bouleversements. Il s'agit ici de faits, et le fait est que l'ensemble du vaste changement culturel, de la moralité chrétienne à la décadence païenne, a été soigneusement planifié.

Dans les nombreux ouvrages que j'ai écrits, ces plans sont mis à nu, et les noms des institutions, des entreprises, des organisations et des individus qui sont responsables de la terrible guerre contre l'Amérique blanche chrétienne sont fournis. Parmi mes ouvrages figurent les suivants :

- ➢ Institutions et entreprises des conspirateurs.

- ➢ La noblesse noire démasquée.

- ➢ Qui sont les conspirateurs ?

- ➢ Dirigeants cachés de l'Amérique.

- ➢ Nouvelle ère du Verseau.

Ce n'est pas tout, tant s'en faut, ce que j'ai fait pour révéler la menace des drogues. Dans l'ensemble de mes plus de cinq cents monographies et cassettes audio, il est fait mention de ce commerce insidieux et de ceux qui en sont responsables. S'appuyant sur leur vaste expérience et leurs richesses obtenues grâce au commerce de l'opium en Chine aux 18ème et 19ème siècles, les familles oligarchiques britanniques et leurs cousins américains ont commencé leur offensive sur le front de la drogue de manière sérieuse contre l'Amérique immédiatement après la Seconde Guerre mondiale. Je vous rappelle que le travail de recherche pour ma guerre personnelle contre la drogue a été effectué principalement sur place et que mes informations sont tirées des relations au sein des anciens services de renseignement impliqués dans la surveillance du commerce de la drogue dans un certain nombre de pays.

Dans les années 30, une certaine autorité en matière d'investissements britanniques à l'étranger, un certain M. Graham, a écrit que les investissements britanniques en

Amérique latine s'élevaient à "plus d'un trillion de livres". Pourquoi tant d'argent en Amérique latine ? En un mot : la drogue. Ce n'était certainement pas des bananes, bien que ce fruit ait joué un rôle dans la couverture de cargaisons de drogue cachées sous des régimes de bananes.

La ploutocratie qui tenait alors les cordons de la bourse des banques est la même que celle qui fait le commerce de la drogue aujourd'hui. Personne ne surprendra jamais la noblesse d'Angleterre avec les mains sales ; elle a ses façades respectables derrière lesquelles elle opère par le biais d'hommes de paille et d'organisations comme Frasers en Afrique et Trinidad Leaseholds Ltd dans les Caraïbes (de grandes sociétés britanniques enregistrées à Londres).

Pendant le règne de la reine Victoria, quinze membres du parlement anglais contrôlaient le vaste commerce de la Chine et de l'Amérique latine, et parmi eux se trouvaient Lord Chamberlain, Sir Charles Barry et Lord Palmerston. Tout comme le commerce de l'opium en Chine était un monopole britannique, le commerce de la drogue dans les Caraïbes, en Amérique centrale et du Sud, au Moyen-Orient et en Extrême-Orient, est devenu un monopole britannique.

Plus tard, dans la poursuite de leurs objectifs de destruction culturelle de l'Amérique, certaines des vieilles familles "sang bleu" d'Amérique ont été autorisées à participer au commerce ; Thomas Handiside Perkins, les Delano et les Richardson sont des exemples de ce que je veux dire. En commençant par la distribution par les "missionnaires" de la China Inland Mission, fortement financée par la BEIC, l'opium a été imposé à la population chinoise. La demande a été créée, puis satisfaite par le BEIC.

Leur serviteur, Adam Smith, l'a qualifié de "libre échange". Lorsque le gouvernement chinois a tenté de résister à la transformation de son peuple en opiomanes, la Grande-Bretagne a mené deux guerres majeures pour mettre fin à ce qu'elle appelait une "interférence dans le libre-échange."

Pendant mes études à Londres, j'ai rencontré le fils d'une famille de missionnaires qui avait servi dans la China Inland Mission. Sa famille était missionnaire depuis le 19ème siècle. Après avoir noué une amitié assez étroite avec l'une des filles qui avait également servi en Chine, elle m'a confié qu'ils fumaient tous de l'opium, et que c'était une tradition qui existait dans leur famille depuis des générations.

Le commerce de l'opium en Indochine est l'un des secrets les mieux gardés et l'un des chapitres les plus ignobles de l'histoire de l'Europe occidentale. Il ne faut pas oublier que la famille royale britannique trouve ses origines à Venise, ce poignard levantin au cœur de l'Europe occidentale. Robert Bruce, qui a usurpé le trône d'Écosse, venait de Venise et son vrai nom n'était pas Bruce. On pourrait en dire autant de la soi-disant "Maison de Windsor", en réalité la Maison des Guelfes noirs.

Comme mentionné précédemment, après leur succès en Inde et en Chine, le BEIC a tourné son attention vers les États-Unis, ce qui est l'une des raisons pour lesquelles nous avons une soi-disant "relation spéciale" avec l'aristocratie britannique, et en effet, beaucoup de nos "leaders" sont liés à la royauté britannique. Franklin D. Roosevelt, George Herbert Walker Bush et Richard Cheney sont des exemples qui viennent à l'esprit. Le commerce lucratif de la drogue établi en Chine est l'un des pires exemples d'exploitation de la misère humaine à des fins lucratives.

Sous la protection de la loi sur l'espionnage industriel du gouvernement suisse, librement invoquée, des peines de prison sévères sont prévues si quoi que ce soit est divulgué sur les actions de ces deux sociétés, ou même sur n'importe quelle société suisse. Ne faites pas de vagues en Suisse si vous n'êtes pas prêt à subir des conséquences très désagréables ! La rhétorique de personnes telles que Mme Thatcher et George Bush, qui nous disent en substance qu'elles sont déterminées à lutter contre la drogue, peut être complètement ignorée.

La prétendue "guerre contre la drogue" est absolument bidon aux plus hauts niveaux du gouvernement. Il n'y a pas de guerre de la drogue en cours, et il n'y en a jamais eu. Ce n'est que lorsque les gouvernements britannique et américain s'attaqueront aux personnes à la tête du trafic de drogue que leur "guerre" proclamée aura un sens. Cela signifie arrêter des gens comme les Keswicks, les Jardines, les Mathesons et fermer des banques comme la Midland Bank, la National and Westminster Bank, Barclays et la Royal Bank of Canada. Je ne mentionne pas ces noms de la haute société britannique à la légère.

Dès 1931, les dirigeants de ces sociétés et banques ont été nommés pairs du royaume. C'est la reine d'Angleterre elle-même qui a accordé une protection spéciale aux cinq grandes sociétés de commerce de drogue en Angleterre. Par l'intermédiaire d'un ami de confiance, j'ai eu accès aux documents de feu Frederick Wells Williamson, administrateur des India Papers. Ce que j'ai vu m'a choqué. La liste des familles "nobles" d'Angleterre et d'Europe impliquées dans le commerce de la drogue provoquerait une tempête d'indignation en Grande-Bretagne et en Europe si jamais les vipères couronnées étaient révélées.

Après la Seconde Guerre mondiale, un flot d'héroïne menace d'engloutir le monde occidental, avec une attention particulière pour l'Amérique du Nord. Ce commerce était dirigé et financé par des personnes très haut placées. Le KGB l'utilisait comme une arme contre l'Occident sous les ordres et la direction de feu Yuri Andropov. Fournies et financées par le KGB, des installations de fabrication de cocaïne et d'héroïne ont été créées à Cuba, sous la direction de Raoul Castro, frère de Fidel Castro.

Ces faits sont connus du gouvernement des États-Unis, qui n'a jamais pu faire quoi que ce soit pour mettre les installations cubaines hors d'état de nuire et les politiques semblent laisser Cuba "intouchable". Galen, l'autorité notoire sur l'héroïne devrait être lue par tous ceux qui souhaitent avoir une compréhension claire de ce qu'est l'héroïne et de ce qu'elle fait au corps humain. Les premiers consommateurs d'opium (dont l'héroïne est dérivée) recensés étaient probablement les anciens Moghols de l'Inde, dont la dynastie a duré de 1526 à 1858 et dont la civilisation s'est effondrée au rythme de la production d'opium et de l'accroissement de la puissance britannique.

Une carte de l'Inde que j'ai obtenue des India Papers, India House, Londres montre les zones où le pavot à opium était cultivé, et correspond à l'acquisition de territoires par les Britanniques à partir de 1785, tout le long du bassin du Gange, du Bihar et de Bénarès. L'opium de la meilleure qualité provenait des pavots cultivés dans ces régions. C'est tout simplement impressionnant ce que les seigneurs de l'opium britanniques, c'est-à-dire l'establishment britannique au pouvoir en Angleterre, ont pu accomplir en Inde.

La royauté et ses proches appelaient ce commerce fantastiquement lucratif "le butin de l'Empire". Les documents de l'India House, appelés "Miscellaneous Old Records", se sont révélés être une mine d'informations pour moi. Ces documents montrent l'implication totale des hauts responsables du gouvernement britannique, de la royauté et de l'oligarchie, dans le commerce de l'opium en Chine.

Ces documents montrent que des "fortunes instantanées" ont été constituées par la "noblesse" et l'"aristocratie" de Grande-Bretagne. Les étrangers, comme William Sullivan, qui a été jugé pour avoir fait une "fortune instantanée" non autorisée aux dépens de la Compagnie Britannique des Indes Orientales, se sont rapidement retrouvés en grande difficulté. Les directeurs de la Compagnie Britannique des Indes Orientales étaient des membres importants du Parti conservateur, dont Lord Palmerston et d'autres. Ils avaient leurs propres passeports de la British East India Company, qui devenaient nécessaires si l'on voulait se rendre en Chine.

Les seigneurs et les dames qui possédaient la British East India Company ont d'abord essayé, en 1683, d'introduire l'opium en Angleterre, mais ils n'ont pas réussi à convaincre les robustes yeomans et la classe moyenne de devenir des drogués. Les ploutocrates et l'oligarchie ont donc commencé à chercher un marché.

La péninsule arabique a été tentée, mais cela a également échoué, grâce aux enseignements du prophète Mahomet. Ils se sont donc tournés vers la Chine et ses masses grouillantes, si commodément proches du Bengale. Ce n'est qu'en 1729 que le gouvernement chinois a tenté de faire passer des lois anti-opium, ce qui a mis la Chine sur une trajectoire de collision avec la Grande-Bretagne. L'aristocratie britannique et sa structure oligarchique sont très difficiles à pénétrer. Pour des personnes sans formation spéciale, une telle tâche est impossible. La grande majorité des dirigeants politiques britanniques de quelque importance sont apparentés les uns aux autres, les soi-disant titres étant repris par le fils aîné à la mort du membre le plus âgé de la famille, et pratiquement toutes ces familles sont dans le commerce de la drogue, indirectement bien sûr.

Vous trouverez peut-être ce détail quelque peu fastidieux. Je sais que je l'ai trouvé ainsi lorsque je lisais des montagnes de documents à Londres et que j'enregistrais les informations dans mon stock de carnets. Lorsque je n'étais pas autorisé à prendre de telles notes, mon appareil photo spécial "espion" m'a bien servi. Je vous livre ces informations, qui ont nécessité de nombreuses recherches, car elles affectent profondément les États-Unis d'Amérique.

Cela fait partie de la dissimulation de la "relation spéciale" liant nos propres "familles nobles" du commerce de la drogue à leurs "cousins" britanniques. Cette "relation spéciale" a camouflé une situation désagréable où un élément étranger qui s'est glissé dans l'aristocratie britannique a été hérité par leurs cousins américains.

Prenons le cas de Lord Halifax, ambassadeur de Grande-Bretagne à Washington, qui, à toutes fins utiles, a pris le contrôle de la politique étrangère des États-Unis avant et pendant la Seconde Guerre mondiale, y compris la supervision de toutes les capacités de renseignement des États-Unis. Son fils, Charles Wood, a épousé une certaine Miss Primrose, une parente de sang de l'horrible et ignoble Maison Rothschild, avec des noms comme Lord Swayling et Montague associés à la Reine Elizabeth ; la co-actionnaire majoritaire de la Shell Company. Je relie toutes ces personnes et leurs institutions au trafic de drogue.

L'un des ancêtres de cette couvée était Lord Palmerston, peut-être l'un des Premiers ministres britanniques les plus respectés de tous les temps. Il s'est également avéré être le principal instigateur du commerce de l'opium en Chine. Ces "vipères couronnées" ont permis à leurs "cousins" britanniques d'Amérique de participer à ce commerce lorsqu'ils ont dû déplacer d'importants stocks d'opium vers l'intérieur de la Chine. Le commissaire chinois Un, a noté :

> Il y a tellement d'opium à bord des navires anglais qui se trouvent actuellement sur les routes (Macao) qu'il ne sera jamais rendu au pays d'où il provient. Une vente doit être faite ici sur la côte et je ne serai pas surpris d'apprendre qu'il est introduit en contrebande (en Chine) sous des couleurs américaines.

Le commissaire Un n'a jamais vécu assez longtemps pour découvrir à quel point sa prévision était exacte et ce qui a conduit indirectement à l'infestation des États-Unis par la drogue. Nous devons examiner comment nous, le public, sommes trompés et maintenus dans l'ignorance de ce qui se passe.

Une chose dont nous pouvons être sûrs, c'est qu'au terme de la lecture de cet ouvrage, personne ne pourra douter que les efforts déployés par les États-Unis pour endiguer le flux de drogues vers ce pays et mettre fin au commerce de la drogue sont entachés d'erreurs fatales, et que ces erreurs et ces échecs sont délibérés.

Notre gouvernement ne veut pas que le commerce de la drogue se tarisse. Les pouvoirs en place, ceux qui contrôlent "nos" représentants au Congrès, ont décrété depuis longtemps que toute guerre contre la drogue ne serait qu'une guerre de façade. Deux membres importants du gouvernement ont démissionné en raison de ce manque de volonté de faire quoi que ce soit au sommet de la soi-disant guerre contre la drogue. Un procureur général a été contraint de démissionner parce qu'il était perçu comme étant de connivence avec le gouvernement mexicain, le protégeant au plus haut niveau. Un président a été contraint de quitter ses fonctions parce qu'il a osé essayer de s'attaquer aux responsables du trafic de drogue. Les Britanniques ont déplacé leur commerce d'opium de Canton à Hong Kong, puis à Panama, ce qui explique pourquoi il était si important de mettre le général Noriega hors d'état de nuire, de façon permanente.

L'héroïne est passée de l'Afghanistan au Pakistan, en passant par la côte désolée de Maccra et la mer Rouge, jusqu'à Dubaï, où elle a été échangée contre de l'or. Elle provenait du Liban, de la vallée de la Bekka, contrôlée par la Syrie, ce qui explique pourquoi les forces armées syriennes ont occupé le Liban pendant si longtemps ; elle provenait du Triangle d'or de Birmanie et de Thaïlande, et du croissant d'or d'Iran, ce qui explique pourquoi le Shah a d'abord été déposé, puis assassiné lorsqu'il a découvert ce qui se passait et a tenté d'y mettre fin.

Cette guerre de la drogue bien réelle contre les États-Unis fait partie de la conspiration du gouvernement mondial unique, une conspiration qui a ses racines dans le Comité des 300. L'histoire de la drogue est aussi vieille que l'histoire de l'homme lui-même. La conspiration visant à renverser tous les gouvernements et religions existants est un effort tripartite — spirituel, économique et politique. Les drogues sont son arme principale. Le gnosticisme est la contre-force du christianisme. La reine d'Angleterre est gnostique, tout comme son mari, le prince Philip. On y trouve le libre usage des drogues, le culte de la mère, la déesse de la terre, la théosophie et les rosicruciens, qui dirigeaient les gangs d'opium chinois connus sous le nom de "Triades". Les "Triades" s'approvisionnaient en opium dans les entrepôts des navires britanniques, puis forçaient les propriétaires chinois à ouvrir des fumeries d'opium.

Alistair Crowley était le modèle du démon de la drogue dans la société britannique victorienne. C'est de là qu'est né le "rock and roll", par l'intermédiaire de l'Institut Tavistock qui a créé des "groupes de rock" pour propager l'usage du LSD, de la marijuana et, plus tard, de la cocaïne. Nous ne le savons peut-être pas, mais des groupes aussi décadents que les "Rolling Stones" bénéficient du patronage des plus grandes familles britanniques et de la famille oligarchique allemande des Von Thurn und Taxis. Les familles nobles britanniques vénérées sont depuis longtemps dans le commerce de la drogue par le biais de la Hong Kong and Shanghai Bank, affectueusement connue sous le nom de "Hongshang Bank". Le business de la Hong Kong and Shanghai Bank est la drogue, purement et simplement. C'est de ces familles nobles qu'est venu le complot d'assassinat d'Abraham Lincoln et plus tard, de John F. Kennedy. Leur domination sur les États-Unis est totale, agissant par l'intermédiaire de leurs institutions et sociétés, des organisations religieuses "découpées". La famille royale d'Angleterre est le véritable propriétaire de l'empire des alcools Bronfman.

À l'époque de la Prohibition, les Bronfman étaient les plus grands contrebandiers d'alcool du Canada vers les États-Unis. Les Américains ne doivent jamais oublier que ces hommes puissants et leurs entreprises sont responsables du vaste fleuve de drogues dans lequel l'Amérique se noie littéralement. Notre principal organisme de contrôle est le Royal Institute for International Affairs (RIIA). Le président de Morgan Guarantee est également membre du conseil d'administration du RIIA.

D'autres membres du conseil d'administration de Morgan font partie du conseil d'administration de la Hong Kong and Shanghai Bank.

Lord Cato fait partie du "Comité de Londres" de la Hong Kong and Shanghai Bank. C'est la RIIA, à travers un réseau de sociétés, d'institutions et de banques, qui est responsable de la menace mondiale de la drogue. C'est la RIIA qui a installé Mao Tse Tung au pouvoir en Chine, puis qui a fait de Hong Kong le premier comptoir de commerce d'opium et d'or au monde, une position qu'elle a conservée jusqu'à la récente expansion de Dubaï. Il y a quelque temps, j'ai écrit sur la fin australienne du commerce de la drogue et mentionné sa méthodologie. J'ai reçu une lettre d'un homme qui m'a dit qu'il avait été coursier pour l'une des plus grandes entreprises de blanchiment d'argent et que mes informations étaient très précises.

La société australienne était contrôlée depuis l'Angleterre. J'ai déjà mentionné la menace faite par Chou En-Lai au président Nasser d'Égypte. Tous deux sont décédés, mais ce que le dirigeant chinois a dit vaut la peine d'être répété :

> Certains d'entre eux (les troupes américaines au Vietnam) essaient l'opium. Nous les aidons. Vous souvenez-vous quand l'Occident (c'est-à-dire les Britanniques) nous a imposé l'opium ? Ils nous ont combattus avec l'opium. Et maintenant, nous allons les combattre avec leurs propres armes. L'effet que cette démoralisation aura sur les États-Unis sera bien plus important que quiconque ne le pense.

Cette conversation a été enregistrée en juin 1965 par Mohammed Heikel, l'ancien rédacteur en chef très respecté du quotidien égyptien *Al Ahram*. Les banques offshore qui sont des blanchisseurs connus de l'argent de la drogue et qui sont affiliées à l'Institut Royal des Affaires Internationales sont dispersées dans le monde entier. Voici une liste des pays où elles sont situées :

Singapour	14
Bahamas	23
Antigua	5
Antilles	10
Bermudes	5
Trinidad	6
Caïmans	22
Panama	30

Cette liste exclut les banques RIIA sous contrôle chinois. Pour obtenir une liste de ces dernières, vous pouvez consulter le Polk's Banking Directory. Les listes de noms de personnes éminentes rempliraient des pages. Il suffit de dire que parmi eux se trouvent les plus éminents de la société britannique, comme Sir Mark Turner, qui contrôle les grandes banques de la famille royale britannique, y compris la Royal Bank of Canada. Ce sont les antécédents de Turner qui ont conspiré avec le roi George III pour nuire aux colons américains. Le plus grand commerce d'opium contre de l'or est effectué à Dubaï par la British Bank of the Middle East. La quantité d'or échangée à Dubaï dépasse celle vendue à New York. Cette opération est entre les mains de Sir Humphrey Trevelyn.

Le prix mondial de l'or est "fixé" chaque jour dans les bureaux de la N.M. Rothschild, St Swithins Court, Londres. Il est basé uniquement sur le prix de l'opium. Ceux qui se réunissent dans les bureaux de N. M. Rothschild sont des représentants de l'Anglo American Company of South Africa de Harry Oppenheimer, de Moccato Metals, de Johnson Matthey Kleinwart Benson, de Sharps, de Pixley Wardley, et des membres du comité de Londres de la Hong Kong and Shanghai Bank.

Entre elles, ces sociétés et leurs représentants reflètent l'organe de contrôle du commerce de l'opium et de l'héroïne, qu'il s'agisse de la quantité à cultiver, du prix à payer et, inversement, du prix de l'or ; de qui doit faire le commerce ; où ; et en quelles quantités.

Les "étrangers" qui tentent de s'introduire sont rapidement signalés au réseau de police privé de David Rockefeller, connu sous le nom d'"Interpol", ce qui permet parfois de saisir des quantités relativement faibles de drogue. Ces saisies sont saluées par la presse mondiale comme des "victoires majeures" dans la fausse guerre de la drogue. Le commerce de gros de l'héroïne et de la cocaïne passe par les grandes banques suivantes. Jusqu'à présent, aucun gouvernement n'a osé s'en prendre à elles, bien que les preuves de leurs activités néfastes abondent :

U.S.A.

- La Banque de Nouvelle-Écosse
- Concessionnaires de diamants Harry Winston
- Métaux Mocatto
- Métaux N.M.R.

- Loeb Rhodes
- Minéraux Engelhard
- Banque de Dadeland
- First Bank of Boston
- Credit Suisse

CANADA

- La Banque Royale du Canada
- Noranda Sales Corporation
- Banque Canadienne Impériale
- Banque de Nouvelle-Écosse
- Hong Kong. Sharp Pixlee Wardley
- Inchcape Company
- Charte consolidée
- Banque de Hong Kong et de Shanghai
- Banque Standard et Chartered
- Banque chinoise d'outre-mer
- Jardine Matheson
- Sime, Darby
- Bangkok Bank

MOYEN-ORIENT

- La Banque britannique du Moyen-Orient
- Barclays International Bank, Dubaï
- Banque d'escompte Barclays
- Banque d'Israël Leumi
- Banque Hapolum de l'Inde

PANAMA

- Bancoiberia Amérique
- Banconacional de Panama

ANGLETERRE

- National Westminster Bank
- Banque des Midlands
- Banque Barclays

Le Panama est important dans le monde de la drogue, car il a été créé comme zone de commerce de la cocaïne. De grandes banques commerciales y ont été ouvertes à cette fin. L'homme fort Omar Torrijos a été placé en charge, mais lorsqu'il a changé d'affiliation, il a été "licencié".

Lorsque le général Noriega, agissant selon un mandat de l'USDEA qu'il pensait avoir reçu, a commencé à démanteler l'empire bancaire de la drogue de Rockefeller au Panama, il a été enlevé par un contingent militaire de 7000 hommes sous le commandement du président G.W.H. Bush et amené à Miami pour y être jugé comme un important "trafiquant de drogue". Il en a payé le prix en étant condamné "judiciairement" à une prison dont il ne sortira jamais.

Le président Nixon pensait être assez grand pour s'attaquer au trafic d'héroïne passant par la France. Il a découvert qu'il avait tort et a perdu sa présidence à cause de sa tentative audacieuse de bouleverser le "lien spécial" entre la Grande-Bretagne et les États-Unis.

La "Corporation" dispose toujours d'environ 200 tonnes de pâte de cocaïne, alors qu'il est établi que Pato Pizzaro, à son apogée, faisait transiter des centaines de millions de dollars par des banques panaméennes. Pizzarro était à la tête de "The Corporation", une entité bolivienne, jusqu'à ce qu'il soit assassiné sur ordre du cartel de Medellín pour avoir tenté de les "évincer". Un homme qui savait tout ce qui se passait au Panama, mais qui ne faisait aucun rapport, était Alfredo Duncan, l'agent responsable de la DEA attaché à l'ambassade des États-Unis. Alfredo Duncan a été le principal responsable de l'évasion de Remberto, l'homme chargé du blanchiment d'argent de "The Corporations", l'un des plus importants hommes d'argent du réseau bolivien opérant au Panama.

Le réseau a été mis en place par David Rockefeller comme principal dépôt bancaire de la cocaïne, tout comme les Britanniques avaient mis en place Hong Kong pour le commerce de l'héroïne. Remberto a été attiré au Panama. Il a attendu qu'un prétendu accord soit conclu, mais lorsque Edwin Meese, alors procureur général, a averti le gouvernement mexicain de ce qui allait se passer, Remberto a pu s'échapper, évitant ainsi d'être arrêté. L'agent responsable, Alfredo Duncan, a reçu des dizaines de câbles de la DEA à Washington lui ordonnant d'appréhender Remberto. Lorsqu'il est devenu évident que l'oiseau s'était envolé, l'agent de la DEA Alfredo Duncan a accusé la CIA, affirmant qu'elle l'avait "emmené (Remberto) sur l'île de Contadora". Ainsi a été contrecarré ce qui aurait pu être un triomphe majeur pour la guerre contre la drogue. Au lieu de cela, elle s'est terminée par un fiasco d'ordres bloqués ou ignorés. On a la nette impression que Remberto a été délibérément autorisé à s'échapper.

Dans le cadre de la très vantée et terriblement coûteuse "Opération Snowcap", la DEA était censée se rendre dans la jungle bolivienne et démanteler les énormes laboratoires de cocaïne. Dès le début, l'"Opération Snowcap" était une farce frauduleuse, destinée, semble-t-il, à faire croire au Congrès et au peuple américain que la DEA remportait de grands succès dans cette fausse guerre. "Operation Snowcap" était comme la guerre du Vietnam. Les États-Unis n'ont pas l'intention de la gagner. Nous n'osons pas ; la partie est trop importante. Cette fausse guerre de la drogue est truffée de tromperies, de mensonges et d'hypocrisie. En bref, c'est une perte de temps et d'argent du contribuable, un canular cruel, totalement dénué de sens. De même que le gouvernement américain était prêt à sacrifier la vie de ses soldats au Vietnam, tout en sachant que nous n'avions aucun intérêt à vaincre l'ennemi, de même le gouvernement était prêt à sacrifier la vie de jeunes agents dévoués de la DEA, dont plusieurs sont morts dans l'exercice de leurs fonctions au cours de l'opération "Snowcap".

Le lieutenant-colonel Oliver North est depuis longtemps suspect aux yeux d'un membre du Sénat américain. Les informations dont je dispose sur les actions qu'il a menées pour faire échouer une opération antidrogue en Colombie m'amènent à croire encore plus fermement que notre gouvernement n'avait aucune intention de gagner sa "guerre contre la drogue" tant annoncée.

Dans plusieurs de mes monographies sur les drogues, j'ai beaucoup parlé du Cartel de Medellín et des barons colombiens de la cocaïne. À cet égard, au risque de faire de la "publicité", je vais dire que j'ai été à l'avant-garde de la divulgation du nom "Cartel de Medellín" et de tout le commerce colombien de la cocaïne en général.

Contrairement à la croyance populaire, la majeure partie de la cocaïne n'est pas traitée en Colombie, mais provient de Bolivie. Les chiffres officiels de la DEA montrent que 97% de la cocaïne provient de Bolivie. La raison pour laquelle la Colombie attire tous les projecteurs est que les Boliviens ne sont pas un peuple violent et qu'ils ne quittent pratiquement jamais la Bolivie pour vendre. Si l'on veut acheter de la cocaïne, il faut se rendre en Bolivie.

Dans l'affaire impliquant Oliver North, Bobby Seale, un agent sous couverture profonde qui avait pénétré le cartel de Medellín, pensait que ce dernier soudoyait en fait Daniel Ortega, chef des sandinistes. Il a transmis l'information à la DEA, qui l'a donnée à North. North avait ainsi une occasion en or de joindre le geste à la parole. Au lieu de cela, il a choisi de mettre en doute les informations fournies par Seale, dont l'histoire montrera qu'il était l'agent infiltré de la DEA le plus efficace jamais en place en Colombie. North a alors dit à la DEA qu'il voulait que Seale fasse passer de l'argent aux Contras.

Je n'ai jamais pu imaginer pourquoi North voulait retirer à Seale son rôle dynamique ; voilà un homme qui menait réellement une guerre contre la drogue pour notre camp. Lorsque Seale a refusé d'être détaché auprès de North, il a divulgué l'histoire de Seale à la presse. Quel a été le résultat ? La meilleure opération jamais montée par la DEA a été détruite et Seale a été assassiné par des tueurs à gages du cartel de Medellín, après avoir été privé de protection et son adresse rendue publique sur ordre d'un juge. Vous ne me croyez pas ? Depuis ma révélation, un film a été réalisé, dans lequel l'histoire est décrite exactement comme je l'ai décrite 4 ans avant que Seale ne soit assassiné. Je ne souhaite pas juger le lieutenant-colonel North, mais la divulgation de l'histoire de Seale aux chacals des médias américains est une trahison comparable à la façon dont le *New York Times* a divulgué nos codes satellites à l'Union soviétique par l'intermédiaire de l'un de ses journalistes, Richard Burt. À tout le moins, North a beaucoup d'explications à fournir. À mon avis, North n'est qu'un cran au-dessus d'un "dirt bag", terme d'argot de rue pour désigner un informateur. La mort de Bobby Seale a entraîné une perte très grave. Sans les audiences sur l'Iran-Contra, cet événement déplorable n'aurait probablement pas été rapporté.

À mon avis, la "fuite" du Nord n'était pas un accident et certainement pas un incident isolé. Ce n'est pas la seule fois qu'apparaissent des preuves que notre gouvernement n'est pas pleinement en guerre contre la drogue. Dans une autre affaire colombienne impliquant le cartel de Medellín, l'un de ses principaux fournisseurs boliviens, Roberto Suarez, a perdu 850 livres de cocaïne et deux de ses principaux sbires qui ont été arrêtés lors d'une descente à Miami. Suarez avait un revenu d'un million de dollars par jour, et c'était un revenu régulier à ce niveau. Il était plus le dirigeant de la Bolivie que son président.

Des personnalités gouvernementales de haut rang d'Amérique latine sont apparues à plusieurs reprises dans la documentation de cette affaire. Peu après l'arrestation de deux des principaux "diplomates de la drogue" de Suarez, le plus terrifiant des coups d'État a été lancé contre le gouvernement bolivien, qui était soutenu par la DEA et la CIA. Le coup d'État a réussi, a coûté la vie à des milliers de personnes et a fait de la Bolivie le principal fournisseur de cocaïne de la Colombie. C'est peut-être la raison pour laquelle les charges retenues contre les deux "diplomates de la drogue" de Suarez arrêtés à Miami ont été abandonnées et la caution du troisième homme a été mystérieusement réduite, ce qui leur a permis de rentrer chez eux le même jour.

Rappelez-vous, il ne s'agissait pas de petits dealers comme ceux du NBC Nightly News. Ces hommes étaient au sommet du cartel de la drogue, et il n'y avait donc aucun problème à payer la moindre caution et à quitter les États-Unis. Ceux qui ont une foi injustifiée en notre gouvernement et en notre président peuvent aimer croire que ce n'était rien d'autre qu'un accident, mais avec des centaines de cas similaires qui tournent mal, comment pouvons-nous faire confiance à notre gouvernement ? Apparemment, je ne suis pas le seul à avoir des soupçons. L'ancien commissaire des douanes William von Raab a déclaré un jour que son service était plus intéressé par les affaires de contrebande de perroquets que par la poursuite des grands trafiquants de drogue.

Von Raab a été la cible du venin du Congrès lorsqu'il a dénoncé l'ensemble du gouvernement mexicain comme étant corrompu. Les faits et les circonstances semblent conforter les graves accusations de Von Raab. Le Mexique répond régulièrement aux accusations selon lesquelles ses plus hauts responsables sont impliqués dans le trafic de drogue en disant "donnez-nous des preuves pour que nous puissions enquêter sur vos accusations". Chaque fois qu'une occasion de fournir des preuves se présente, des forces mystérieuses au sein de notre gouvernement interviennent et contrecarrent l'action.

L'une de ces affaires concerne un certain Hector Alvares, membre du corps de presse de l'ancien président Salinas de Goltari. Alvares et un autre homme de paille, Pablo Giron, ont dit à un agent secret de la DEA se présentant comme un gros acheteur de cocaïne qu'il pouvait s'arranger avec le gouvernement mexicain pour faire transiter par le Mexique des cargaisons de cocaïne bolivienne destinées aux États-Unis. C'était pendant les discussions préliminaires d'un "achat" de cocaïne de base bolivienne. Giron a dit qu'il avait une ligne directe avec le général mexicain Poblana Silvo, qui donnerait suite à son appel téléphonique (celui de Giron).

Giron a dit à un agent de la DEA (qui l'a juré) qu'il était très proche de Salinas de Gottari. Un informateur des douanes a également juré qu'on lui avait dit qu'Alvarez faisait partie d'un détachement des services secrets chargé de protéger le président élu Goltari. Dans cette proposition d'"achat" particulière, seize tonnes de cocaïne étaient impliquées. C'était totalement distinct de l'opération "Snowcap". Au cours des discussions au Panama, Alfredo Duncan, l'agent de la DEA responsable au Panama, a fait savoir à un certain nombre d'agents de la DEA et des douanes que le général Manuel Noriega était "un homme de la DEA". Cela a été confirmé au moins trois fois dans des lettres de John Lawn, chef de la DEA à Washington.

Deux autres personnes impliquées avec Alvarez étaient les Boliviens Ramon et Vargas, qui possédaient un laboratoire de cocaïne en Bolivie produisant régulièrement 200 kilos de cocaïne par mois. Finalement, l'agent de la DEA "acheteur", un pilote contractuel et un agent des douanes, ont gagné la confiance des Boliviens et ont été invités à inspecter leurs installations au fin fond de la jungle bolivienne. Ce qu'ils ont découvert les a laissés pantois, ivres de stupéfaction.

Ils ont découvert sept pistes d'atterrissage capables d'accueillir des 747, à côté de très grands laboratoires souterrains et de bâtiments de soutien, un complexe étonnant, gardé par des troupes lourdement armées. La transaction dans laquelle ils étaient impliqués prévoyait l'achat de 5000 tonnes de cocaïne. Pourtant, depuis toutes les années que "Snowcap" opérait, la DEA était loin d'avoir réussi à s'approcher des installations boliviennes.

Lorsque l'agent secret a demandé à Ramon et Vargas s'ils n'avaient pas peur de l'opération "Snowcap", ils ont simplement ri. Ramon et Vargas avaient de bonnes raisons d'être remplis d'hilarité. "L'opération Snowcap" était un cauchemar bureaucratique. Tous les mauvais équipements ont été envoyés en Bolivie, la plupart inutiles, et beaucoup d'autres "bavures", selon Vargas. Personne en Bolivie n'était le moins du monde concerné par l'opération Snowcap. Les avions alloués à "Snowcap" n'avaient pas la portée nécessaire pour atteindre les installations de la jungle et les quelques hélicoptères étaient totalement inadaptés à la tâche. S'agissait-il d'une autre des nombreuses "bavures" ?

Je ne crois pas qu'il s'agisse d'une simple bévue bureaucratique. D'après les informations que j'ai glanées, il semblerait que ces "erreurs" étaient des sabotages délibérés. D'une part, la puissance de feu des agents de la DEA ne pouvait espérer égaler les capacités de style militaire de "la Corporation".

En 1988, la DEA a dépensé cent millions de dollars pour l'opération "Snowcap". Qu'avons-nous obtenu en échange ? Environ quinze mille kilos de cocaïne partiellement traitée !

Bien que cela puisse sembler beaucoup, comparé aux capacités de production de "The Corporation", ce n'était qu'une goutte d'eau dans l'océan. Rappelez-vous, les quinze mille kilos représentaient moins de trois mois de production bolivienne de cocaïne. Pourquoi n'avons-nous pas simplement acheté la cocaïne à un prix beaucoup plus bas — ce que nous aurions pu faire — comme l'agent secret avait supplié tout le monde à Washington d'être autorisé à le faire ?

La réponse est que la DEA a refusé de mettre de l'argent pour un achat qui aurait non seulement permis d'obtenir une énorme quantité de cocaïne entièrement traitée, mais aussi quatre des principaux dirigeants de la "Corporation" bolivienne. Cela aurait également fourni aux États-Unis la preuve, qui leur manquait jusqu'à présent, de l'implication du gouvernement mexicain au plus haut niveau.

- Pourquoi la DEA a refusé de verser l'argent ?

- Pourquoi l'assistant du procureur américain de San Diego a-t-il refusé d'accorder une mise sur écoute, qui aurait permis de mettre la main sur le général mexicain Poblano Silva, que Giron était sur le point d'appeler au téléphone et d'impliquer dans un achat massif de cocaïne ?

- Pourquoi le procureur général Edwin Meese a-t-il téléphoné au procureur général mexicain pour l'avertir de la prochaine opération de la DEA qui aurait eu pour conséquence d'impliquer le général Poblano Silva dans un important complot de distribution de cocaïne en Bolivie ?

- Le commissaire aux douanes William von Raab aurait démissionné, dégoûté par l'avertissement téléphonique de Meese — Et qu'en est-il de notre "guerre contre la drogue" en Colombie ?

Comment les États-Unis s'en sortent-ils dans ce pays ? La réponse est que nous nous sommes bien plus mal débrouillés en Colombie que partout ailleurs sur Terre, malgré les millions de dollars versés dans la "guerre de la drogue" dans ce seul pays. Le président G.H.W. Bush n'a rien fait d'important en Colombie. Le 25 février 1991, le président colombien Cera Gaviria a déclaré que son gouvernement allait tenir des pourparlers de paix avec les trafiquants de drogue et leurs amis terroristes.

Les prétendues "initiatives de paix" ne sont rien d'autre qu'une capitulation totale devant les exigences du baron de la drogue colombien. Il ne sera plus question d'extradition vers les États-Unis. C'est ce qui ressort d'une visite de cinq jours de Gaviria à Washington, au cours de laquelle l'administration Bush a donné son aval à la capitulation devant les barons de la cocaïne. Bush a qualifié le plan de "courageux et héroïque". Les années passées à rassembler de véritables preuves tangibles contre les barons de la drogue sont désormais sans valeur ; elles ont été compromises de telle manière qu'elles ne pourront jamais être utilisées devant un tribunal.

Bobby Seale, entre autres, est mort en vain. Avec l'approbation de l'administration Bush, les guérilleros du M19 (FARC et les terroristes de l'ELN) et leurs patrons de la cocaïne contrôlaient totalement 33 délégués qui travaillaient à l'élaboration d'une nouvelle constitution pour la Colombie. Au total, quelque 77 délégués ont été chargés de cette responsabilité.

Les barons de la cocaïne se moquent ouvertement de la DEA et des services douaniers américains, et ce n'est pas étonnant. Ils vont maintenant s'en donner à cœur joie en Colombie, n'ayant pas grand-chose à craindre de leur gouvernement impuissant, et encore moins de Washington. D'après un exemplaire du journal *El Spectator* du 18 février 1992, que j'ai reçu et traduit de l'espagnol, ce journal semble être le seul à avoir assez de courage pour s'élever contre la capitulation de Gaviria et de Bush :

Sous la pression du chantage et du crime, l'État s'abstient d'exercer sa responsabilité fondamentale de protéger la vie humaine et accepte de négocier, un par un, les principes juridiques qui sous-tendent l'existence même de l'État.

La revendication de victoire de Bush dans la "guerre de la drogue" inexistante est trompeuse. Si l'affaire n'était pas aussi sérieuse, les statistiques de l'administration seraient une mauvaise blague. En février 2004, l'administration Bush a publié le rapport de la stratégie nationale de contrôle des drogues, préparé par le nouveau patron de la drogue à la Maison-Blanche, l'ex-gouverneur Bob Martinez de Floride. Martinez a obtenu le poste après que William Bennett ait perdu sa guerre avec le procureur général Thornburgh. C'est juste un autre des milliers de cas d'emplois pour les copains.

L'ancien gouverneur John Ellis Bush (Jeb Bush), fils de G.W.H. Bush et frère de George W. Bush, faisait partie du personnel de l'ancien gouverneur Martinez en tant que secrétaire au commerce. Jeb Bush avait en fait de gros problèmes, qui n'ont jamais fait surface. Son nom dans la vente de cocaïne au gouvernement nicaraguayen était dans le rapport que le lieutenant-colonel North n'a pas cru — et a réussi à étouffer. Le document de Bush, très imparfait, est rempli de statistiques truquées. Des agents de la DEA l'ont qualifié en privé de "poubelle totale".

Lorsque John Lawn était encore à la tête de la DEA, lui et ses agents s'amusaient beaucoup de la déclaration de Reagan selon laquelle la guerre contre la drogue "a pris un tournant." John Lawn est parti, mais le souvenir de la débâcle persiste. L'administration Bush a souligné avec fierté l'aide d'urgence de 65 millions de dollars accordée à la Colombie pour sa "guerre contre la drogue".

Le major général Miguel Gomez Padilla, de la police nationale colombienne, a déclaré que le matériel envoyé n'était pas le bon et que l'aide était adaptée à la guerre conventionnelle, mais totalement inutile "dans le type de guerre que nous menons".

L'Amérique peut-elle être aussi stupide ? Je ne le pense pas. Il est plus probable que ce qui s'est passé avec le paquet d'aide colombien était un acte de sabotage délibérément planifié.

Après vingt ans d'expérience dans la guerre de la drogue en Colombie, on pourrait imaginer que notre gouvernement aurait accumulé suffisamment de connaissances pour savoir quel type d'équipement est nécessaire. Les rapports sur la stratégie de lutte contre la drogue ne donnaient aucune information sur la disponibilité des drogues ni sur le nombre de consommateurs confirmés. Ils n'abordent pas non plus la question la plus cruciale de toutes, à savoir la poursuite de l'utilisateur, que les agents secrets de la DEA préconisent depuis longtemps comme la tactique la plus susceptible de réussir.

Pas étonnant que le gouvernement américain ne dise pas grand-chose sur l'énorme augmentation de la consommation de drogues ! La marijuana étant désormais la principale culture commerciale dans 37 États, comment ce "commerce" va-t-il être arrêté ? Il sera intéressant de voir ce qui se passera lorsque la marijuana sans graines, puissante et de qualité supérieure, appelée "sinsemellia", commencera à être cultivée aux États-Unis.

Tant que le prix de la cocaïne dépassera celui de l'or (5000 dollars le kilo) et que le prix de l'héroïne sera six fois supérieur à celui d'un poids équivalent en or, il sera impossible d'éradiquer le commerce de la drogue, du moins si la corruption au sommet se propage dans tous les rangs des agences de lutte contre la drogue.

La DEA est traversée par des conflits. Créée en 1973 par le président Nixon pour éviter les conflits entre le Bureau des stupéfiants et des drogues dangereuses et le Bureau des douanes, la jalousie et les conflits entre les douanes et la DEA sont plus nombreux aujourd'hui, que jamais auparavant. Le moral est inexistant. Où allons-nous à partir de là ? Non pas qu'un nouveau remaniement fasse une quelconque différence. Tant que le problème n'est pas abordé de haut en bas, tous les efforts visant à freiner l'afflux de drogues aux États-Unis vacilleront et échoueront. Pour une véritable guerre, il faut frapper les personnes qui occupent les plus hautes fonctions du pays, et frapper fort. Je n'ai aucune idée de qui sera assez courageux pour assumer cette tâche, mais nous avons certainement besoin d'un leader intrépide.

L'administration a perdu le contrôle ; elle ne connaît pas l'étendue du problème de la drogue dans le pays. Le Drug Abuse Warning Network signale que les overdoses ne sont pas en baisse, comme le prétend l'administration Bush ; elles n'ont pas été signalées parce que les budgets des hôpitaux ont été tellement réduits qu'il n'y a pas d'argent pour embaucher le personnel nécessaire pour surveiller les cas d'overdose.

Et que dire du Panama, puisque l'enlèvement du général Noriega a rendu le territoire sûr pour le commerce de la drogue ? Je rappelle qu'en 1982, j'avais signalé que la Banco Nacional de Panama avait augmenté son flux de dollars de près de 500%, selon les statistiques fournies par le département du Trésor américain. Quelque 6 milliards de dollars d'argent non déclaré sont passés des États-Unis au Panama au cours de cette seule année. Mes sources affirment que depuis l'enlèvement du général Noriega, la Banco Nacional de Panama a atteint un niveau record de flux de trésorerie. Cela aurait dû inquiéter l'administration Bush, mais il y a eu peu, voire aucun, signe d'inquiétude de la part de la Maison-Blanche.

La structure bancaire du Panama a été mise en place par Nicolas

Ardito Barletta. Barletta était acceptable, car il dirigeait auparavant la Marine and Midland Bank, qui a été rachetée par la banque du banquier de la drogue, la Hong Kong and Shanghai Bank. Barletta a toute l'expérience nécessaire pour manipuler de très grandes quantités d'argent liquide de la drogue. C'est lorsque Noriega a contrarié Barletta que l'administration Bush a entrepris de se débarrasser du général.

Au faux nom de "libre-échange", nous avons assisté à une augmentation alarmante du volume de drogues disponibles aux États-Unis. La cocaïne n'a jamais été aussi bon marché qu'aujourd'hui et n'a jamais été aussi facilement disponible. L'un des plus importants promoteurs du "libre-échange" est la Société Mont Pèlerin. Il est très regrettable que tant de patriotes de droite se laissent encore séduire par cette organisation.

Je ne prétends pas savoir quelles sont les réponses à la terrible menace que représente le commerce de la drogue. Ce que je sais, c'est qu'il faudra faire quelque chose d'urgent et de radical, car au moment même où j'écris ce livre, des forces puissantes sont à l'œuvre pour tenter de persuader le peuple américain que la solution au problème de la drogue est de la légaliser. Je n'y crois pas un seul instant. La légalisation de la consommation de drogues transformera l'Amérique en une nation de drogués, de la même manière que la Compagnie Britannique des Indes Orientales a transformé les Chinois en une nation d'opiomanes. Après tout, ce sont les descendants de la Compagnie Britannique des Indes Orientales et leurs partenaires yankees au sang bleu qui dirigent le spectacle. Quant à la "guerre de la drogue", elle n'a jamais vu le jour. Elle a toujours été, et restera toujours, une fausse guerre contre la drogue.

Le Panama en état de siège est le plus important exposé sur le commerce de la drogue, du haut vers le bas, que j'aie jamais écrit. Malheureusement, il n'a pas reçu l'attention qu'il mérite, probablement parce que le titre en dit peu sur son contenu. Si vous avez besoin d'être convaincu que la guerre de la drogue de Bush était une fausse guerre, lisez le chapitre suivant. Vous découvrirez que la guerre contre la drogue au Panama est inexistante, tout comme elle l'est ici aux États-Unis. Le département d'État américain dispose de son propre service de renseignement sur les stupéfiants.

Périodiquement, il publie des rapports élogieux sur les résultats de la "guerre contre la drogue". Le rapport du département d'État sur le Panama est typique de l'hypocrisie dont fait preuve l'administration Bush. Dans son rapport, le département d'État indique quelles nations ont été "certifiées" comme combattant la drogue, et ces nations reçoivent ensuite des fonds du gouvernement américain à cette fin. Tout récemment, le Panama a été "certifié" en tant que nation combattant la drogue et a donc droit à une aumône des États-Unis. La vérité est que, depuis le retrait forcé du général Noriega, le Panama est le refuge des trafiquants de drogue et de leurs banques de blanchiment d'argent. Pourtant, le texte du département d'État affirme que

> "dans les années qui ont suivi l'action militaire qui a chassé le général Noriega, le Panama a rejoint l'effort international de lutte contre la drogue."

Le gouvernement d'Endara a pris des mesures importantes contre le blanchiment d'argent, a effectué des saisies de drogue record et a conclu d'importants accords de contrôle des stupéfiants avec le gouvernement américain.

C'est une absurdité totale, pure et simple. Ce rapport très imparfait prouve que la guerre contre la drogue menée par Bush n'a aucune valeur, et il devient encore plus évident qu'il s'agit d'un mensonge si l'on considère que pendant des années, rien n'a été fait pour arrêter le trafic de drogue et le raffinage de l'héroïne par les Syriens dans la vallée de la Bekka au Liban, jusqu'à ce qu'il y a quelques années, suite à des plaintes d'Israël — non liées au trafic de drogue, mais à des questions de sécurité — les troupes syriennes aient quitté la vallée de la Bekka.

Chapitre 4

Le Panama en état de siège

P our bien comprendre ce qui se passe au Panama — une région vitale pour la sécurité nationale et les intérêts commerciaux des États-Unis d'Amérique — nous devons revenir au commerce de la drogue centré sur Hong Kong. Depuis que les Britanniques ont fait de Hong Kong un point de transbordement de l'héroïne, la ville a pris une importance qui dément son image plus généralement connue de télévision et de textile.

Si Hong Kong n'était qu'un centre de commerce normal, le marché de l'or n'y serait pas en plein essor. Mais les vieilles familles aristocratiques et oligarchiques d'Angleterre ont fait fortune grâce au transport d'opium du Bengale vers la Chine. Et le paiement était toujours en or.

Les Britanniques et leurs vieilles familles de l'Establishment libéral de l'Est américain, imbriquées les unes dans les autres, et leur réseau de vénérables cabinets d'avocats de Wall Street, de banques, de maisons de courtage et d'investissement familiales, ont fait aux États-Unis la même chose qu'à la Chine et, dans une moindre mesure, au monde occidental. Alors que le "commerce" américain de la cocaïne commençait à dépasser celui de l'héroïne, le Panama est devenu la première zone bancaire protégée du monde, un refuge sûr pour les énormes vagues d'argent liquide qui affluaient.

La foule hollywoodienne a fait de la cocaïne une "drogue récréative" et en a popularisé l'usage, tout comme elle avait fait l'éloge du whisky de contrebande pendant les "Années folles" dans des récits fictifs sur la mode de boire le breuvage de Bronfman qui affluait du Canada aux États-Unis. Les barons de l'alcool d'antan sont devenus les barons de la drogue d'aujourd'hui. Rien n'a beaucoup changé, si ce n'est que les mécanismes de distribution et de dissimulation sont devenus beaucoup plus sophistiqués. Plus de mitraillettes Thompson, plus de mafieux bruyants en tenue d'apparat qui nous feraient rougir. Tout cela a disparu — aujourd'hui, c'est l'image de l'élégance des salles de conseil d'administration et des clubs exclusifs de Londres, New York, Hong Kong, Las Vegas et des bars de Nice, Monte-Carlo et Acapulco. L'oligarchie maintient toujours une distance discrète avec ses serviteurs de la cour ; intouchables, sereins dans leurs palais et leur pouvoir.

Le protocole est toujours là, tout comme les meurtres. La mafia de la cocaïne a toujours l'habitude d'"exécuter", c'est-à-dire d'assassiner à leur manière incomparable, ceux qu'ils croient les avoir trahis. La victime est dépouillée de ses sous-vêtements, les mains attachées, les yeux bandés et reçoit une balle dans le côté gauche de la tête. C'est la "marque de fabrique" des tueurs de cocaïne ; un avertissement aux autres pour qu'ils n'essaient pas de s'enfuir avec leur argent ou leur drogue, ou de se lancer dans les affaires par eux-mêmes. Les plus malins qui parviennent à échapper à la balle de l'assassin sont simplement dénoncés aux autorités.

La plupart de ce qui passe pour des "saisies de drogue" provient d'informations données par les grands marchands de drogue pour mettre hors d'état de nuire les nouveaux, les indépendants. La protection de haut niveau ne fonctionne pas toujours lorsque les "patrons" sont volés, comme l'a découvert le fils de 25 ans du général Ruben Dario Paredes, ancien chef de la Garde nationale du Panama et ennemi déclaré du général Manuel Noriega, qui a fini dans une tombe en Colombie "habillé" par les tueurs de cocaïne, avec un trou de balle dans la tempe gauche.

Même la position de son père ne peut le protéger de la colère des patrons du cartel de la cocaïne. Le gouvernement chinois exerçant de fortes pressions pour obtenir une plus grande part du gâteau d'opium/héroïne et exigeant un plus grand contrôle du lucratif commerce d'or et d'opium de Hong Kong, les contrôleurs britanniques de haut niveau ont commencé à promouvoir le Panama comme une "alternative" pour leurs opérations bancaires. Le Panama ne remplacera jamais Hong Kong ; en réalité, Hong Kong contrôle le commerce de l'opium et de l'héroïne, tandis que le Panama contrôle le commerce de la cocaïne, mais les deux se chevauchent dans une large mesure.

Les lecteurs doivent comprendre ce dont je parle ici. Je ne parle pas des entreprises qui ne sont pas à la hauteur des attentes, je ne parle pas des entreprises qui font parfois des pertes considérables comme la "gentille" General Motors par exemple. Non, je parle d'une entité géante qui fait toujours d'énormes bénéfices, année après année et qui ne déçoit jamais ses "investisseurs".

En 2007, le commerce de la drogue offshore a dépassé les 500 milliards de dollars par an et augmente chaque année. En 2005, le chiffre était estimé à 200 milliards de dollars par la DEA, ce qui n'est pas un mauvais taux de "croissance" pour un "investissement" relativement faible. Cette énorme quantité d'argent liquide reste en dehors des lois de tous les pays, car elle traverse les frontières internationales en toute impunité. Le commerce de la drogue est-il mené à la manière du "bootlegging" ?[3] Des hommes à l'allure sinistre se déplacent-ils avec des valises remplies de billets de 100 dollars ?

Ils le font en de rares occasions, mais le commerce de la drogue ne peut se faire qu'avec la coopération volontaire et délibérée des banques internationales et de leurs institutions financières alliées. C'est aussi simple que cela. Fermez les banques de la drogue, et le commerce de la drogue commencera à se tarir à mesure que les forces de l'ordre se jetteront sur les barons de la drogue poussés au grand jour parce qu'ils sont obligés d'utiliser des méthodes alternatives désespérées et, pour eux, dangereuses. En d'autres termes, fermez les trous à rats et il sera plus facile de se

---

[3] "Contrebande" ou "Commerce clandestin", Ndt.

débarrasser des rongeurs. S'il est gratifiant de constater, comme nous le faisons de temps à autre, que des arrestations liées à la drogue sont effectuées et que de grandes quantités de dope sont saisies par les autorités, cela ne représente qu'une goutte d'eau dans l'océan par rapport au volume total. Elles sont le résultat d'informations sur des concurrents "non enregistrés". De tels "coups de filet" représentent bien moins que la proverbiale partie émergée de l'iceberg. Et grâce à leurs systèmes de renseignement privés, souvent bien plus sophistiqués que ceux de la plupart des petits pays, les grands barons de la drogue et leurs banquiers ont généralement plusieurs longueurs d'avance sur les services de répression.

La voie à suivre pour combattre avec succès la menace de la drogue, qui représente un plus grand danger pour la civilisation que la peste noire du Moyen Âge, passe par les lobbies marbrés et les halls de banque magnifiquement décorés du monde entier. Nous abordons le problème sous l'angle le plus difficile. Nous essayons d'attraper les opérateurs, au lieu de nous attaquer aux financiers. Les banques britanniques contrôlent depuis des siècles les opérations bancaires offshore liées à la drogue, tout comme elles ont contrôlé le commerce des diamants et de l'or, tous deux intimement liés au commerce de l'héroïne.

C'est pourquoi la reine Victoria a envoyé l'armée la plus puissante du monde à l'époque (1899) pour écraser les deux minuscules républiques boers d'Afrique du Sud, simplement pour prendre le contrôle de leur or et de leurs diamants, que Lord Palmerston, Sir Alfred Milner et Joseph Chamberlain considéraient comme un excellent moyen de financer leurs affaires sans qu'il soit possible de remonter à la source des paiements. C'est toujours le moyen par lequel le commerce de l'héroïne à Hong Kong est largement financé. Après tout, l'or et les diamants sont impersonnels.

Cela explique pourquoi la Reine Elizabeth était le plus souvent à couteaux tirés avec Mme Thatcher sur des questions de politique. La Reine voulait en finir avec le gouvernement sud-africain et ses positions anti-drogue. La Reine voulait y envoyer un

M. Furhop pour diriger les choses comme il le fait pour elle en Rhodésie (aujourd'hui Zimbabwe). Furhop est le vrai nom de son coursier, plus connu sous le nom de "Tiny" Rowland, qui dirige le conglomérat géant LONRHO dont elle est le principal actionnaire par l'intermédiaire d'Angus Ogilvie, son cousin germain. En un sens, l'Afrique du Sud et le Panama étaient tous deux assiégés pour les mêmes raisons.

Les Sud-Africains empêchaient la prise de contrôle de leur trésor d'or et de diamants par l'aristocratie oligarchique et, dans le cas du Panama, leur précieux secret bancaire était mis en pièces par le général Noriega. Les pouvoirs en place ne sont pas prêts de se laisser abattre par ces revers ! Pour donner une idée de ce qui est en jeu au Panama, la DEA estime que près de 350 millions de dollars par jour changent de mains par le biais de transferts bancaires par télétype. C'est ce qu'on appelle "l'argent interbancaire". Environ 50% de l'argent interbancaire provient du commerce de la drogue et va aux îles Caïmans, aux Bahamas, à Andorre, au Panama, à Hong Kong et aux banques suisses qui gèrent ce vaste flux d'argent. Comme conséquence du commerce de la drogue, nous devons faire face au fardeau des "taux de change flottants".

Cet effet déstabilisant a été provoqué par l'énorme volume d'argent liquide, que notre système n'a pas été conçu pour gérer ; il est impossible que les taux de change fixes puissent gérer le vaste et rapide transfert d'argent sous des parités fixes dans le monde entier en un jour. Les "économistes" nous ont vendu de fausses promesses lorsqu'ils ont approuvé la politique de taux de change "flottants", et ils ont inventé toutes sortes de jargon économique pour dissimuler la véritable raison, à savoir l'énorme flux d'argent sale !

Une très grande partie de cet argent circulant au Panama, il était nécessaire de disposer d'un actif au Panama auquel on pouvait faire confiance pour maintenir un secret bancaire des plus stricts. La DEA estime que 3 milliards de dollars par an disparaissent des seuls États-Unis et se retrouvent au Panama. Les frères Coudert, les "avocats de la mafia" de l'establishment libéral de l'Est, se sont mis au travail en la personne de Sol Linowitz, un messager de confiance des "Olympiens". Il a créé le général Omar Torrijos et l'a présenté et vendu au peuple américain comme un "nationaliste panaméen". Son cachet "made by David Rockefeller" a été soigneusement dissimulé à la grande majorité du peuple américain.

Grâce à la trahison de serviteurs vendus du CFR au Sénat, des hommes comme Dennis de Concini et Richard Lugar, le Panama est passé entre les mains du général Torrijos au prix de millions de dollars pour le contribuable américain. Mais Torrijos, comme tant d'autres mortels, a rapidement oublié qui était son "créateur", et les dieux de l'Olympe ont été contraints de le retirer de la scène. Torrijos a été dûment assassiné en août 1981. Apparemment, il a été tué dans un accident d'avion, qui ressemble beaucoup au type d'"accident" qui a frappé le fils d'Aristote Onassis.

Ce qui s'est passé, c'est qu'une ou plusieurs personnes inconnues ont modifié la mécanique des volets d'aile, de sorte que lorsqu'ils étaient abaissés pour un atterrissage, ils faisaient en fait voler l'avion vers le haut. À l'origine, Torrijos a été sélectionné par Kissinger, comme nous en avons l'habitude. Lorsqu'il a commencé à prendre au sérieux son rôle de "nationaliste" panaméen au lieu de celui de marionnette qui lui avait été assigné, il a dû partir. Kissinger s'est fait nommer à la tête du Comité bipartisan du président sur l'Amérique centrale, une autre promesse non tenue de Reagan. Cela a renforcé son emprise sur le Panama, du moins le pensait-il.

Nous devons regarder le Panama à travers les yeux du cheval de Troie, c'est-à-dire que nous devons regarder l'Amérique centrale telle que le plan Andes de Kissinger la voyait, un terrain de chasse pour des milliers de soldats américains. Les ordres de Kissinger étaient de déclencher une autre "guerre du Vietnam" dans la région. Le Panama était au centre du plan. Mais Torrijos avait d'autres idées. Il voulait rejoindre le groupe Contadora, qui cherchait à apporter la stabilité et des solutions à la pauvreté dans la région grâce à un réel progrès industriel. Maintenant, je ne suis pas engagé envers les Contadoras ; il y a de nombreux domaines où je diffère d'eux. Mais on ne peut nier que les Contadoras, dans l'ensemble, s'engagent à lutter contre l'économie de la drogue prévue pour l'Amérique centrale sur le modèle de l'économie de la ganja en Jamaïque.

Cette idée de "libre-échange" est soutenue par les membres de la Société Mont-Pèlerin, notamment par le Vénézuélien Cisneros et la Fondation vénitienne Cini. Pour cette raison et pour avoir menacé de dénoncer le système bancaire des Rockefeller au Panama, Torrijos a été "immobilisé de manière permanente", ce qui signifie "assassiné" en langage des services secrets.

Comme je l'ai déjà dit, il ne s'agit pas de petits dealers ou de revendeurs de rue, que Hollywood se plaît à dépeindre comme le commerce de la drogue. Nous parlons de grandes banques et d'institutions financières ; nous parlons de personnes haut placées ; nous parlons de nations qui soutiennent et abritent les barons de la drogue, des pays comme Cuba ; et nous parlons d'une organisation si forte et puissante qu'elle a mis un pays entier à genoux, la République de Colombie.

Je vais écrire sur la complicité du département d'État américain dans l'entrave à la guerre contre la drogue. Je vais parler de la réponse incroyablement stupide de Nancy Reagan "Just Say No" à cette menace. Comparé à ce qui se passe aujourd'hui, le volume d'héroïne qui circulait dans la "French Connection" n'était qu'une affaire de petite monnaie. Pourtant, nous ne devons jamais perdre de vue le fait que l'ex-président Richard Nixon a été le seul président à s'attaquer fermement à la menace de la drogue qui pesait sur les États-Unis. Pour son insolence à s'attaquer au trafic de drogue du haut en bas de l'échelle, il a été démis de ses fonctions, disgracié, ridiculisé et humilié par l'arnaque du Watergate, comme une leçon et un avertissement pour ceux qui souhaiteraient suivre son exemple. En comparaison, la "guerre contre la drogue" du président Reagan n'était qu'une pichenette ! Le "Cercle des Initiés", qui a fondé le Royal Institute for International Affairs, n'a pas changé de direction. Il convient de répéter que le commerce de la drogue est fermement contrôlé par les descendants et les familles qui se sont mariés entre elles et qui composent les membres de cette société secrète interne, qui peuvent retracer leur lignée jusqu'aux lords Alfred Milner, Gray, Balfour, Palmerston, Rothschild et d'autres au sommet de la pyramide sociale de l'Amérique.

Leurs banques et les banques américaines ne sont pas du menu fretin. En fait, les petites banques ont été éliminées ou sont en train de l'être avec l'aide, volontaire ou non, du département du Trésor américain. Cela est particulièrement évident en Floride, où, à partir de 1977, de grandes banques comme la Standard and Chartered Bank, la Hapolum Bank, bien connues pour leur implication dans le blanchiment de l'argent sale de la drogue, se sont installées en Floride, là où "l'action" se déroule. Les "grands" ont alors commencé à dénoncer les petites banques utilisées par les petits dealers de cocaïne indépendants. N'oubliez pas que les monopoles de la drogue ont leur propre réseau de renseignements très efficace. Le Trésor a poursuivi les petites banques, mais a laissé les grandes tranquilles. Lorsque les grandes banques sont prises, ce qui s'est produit à quelques reprises, elles sont traitées avec la plus grande indulgence.

En témoigne le cas du Crédit Suisse à Genève et de la First Bank of Boston. La plus vénérable des banques de Boston a été prise en flagrant délit de blanchiment d'argent de la drogue en collaboration avec le Crédit Suisse. Quelque 1200 inculpations distinctes ont été prononcées contre la First National. Le ministère de la Justice a regroupé les accusations en une seule, et la banque s'est fait légèrement taper sur les doigts avec une amende de 500 dollars seulement ! Le Credit Suisse n'a pas été poursuivi par le ministère de la Justice ou le Trésor public ! Le Credit Suisse reste l'une des plus grandes et des plus efficaces banques de blanchiment d'argent sale après American Express — les "intouchables" du monde bancaire.

Les autres grandes banques impliquées dans le commerce lucratif de l'argent sale de la drogue étaient la National Westminster, la Barclays, la Midlands Bank et la Royal Bank of Canada. La Royal Bank of Canada et la National Westminster Bank étaient les principaux banquiers de la drogue pour les barons de la drogue dans les îles des Caraïbes, dans le cadre de la très vantée "Initiative du bassin des Caraïbes" de David Rockefeller. Par l'intermédiaire du FMI, Kissinger a ordonné à la Jamaïque de cultiver en "libre entreprise" de la ganja (marijuana) qui représente aujourd'hui l'essentiel des recettes en devises de la Jamaïque. La même chose s'est produite en Guyane, et c'est pourquoi Jim Jones s'y est installé — sauf que Jones n'était pas conscient du véritable objectif de ses manipulateurs. Dans le cadre d'une expérience massive de lavage de cerveau du type de celle de Vacaville, Jones n'a jamais atteint son but. Il est mort dans l'ignorance totale de ceux qui tiraient ses ficelles.

La Jamaïque n'est qu'un des pays qui vivent de l'argent de la drogue. Lorsqu'il était à la tête de la Jamaïque, Edward Seaga a effrontément déclaré à des journaux américains, notamment le *Washington Post*, que, qu'elle soit acceptée ou non, "l'industrie, en tant que telle, est là pour rester. Il n'est tout simplement pas possible de l'éradiquer". Je n'ai rien contre l'expression "ici pour rester". Utilisant la "musique" rock and roll comme vecteur de diffusion des "drogues récréatives" et protégé aux plus hauts niveaux, le commerce de la drogue semble en effet destiné à perdurer.

Cela ne veut pas dire qu'il ne peut pas être éliminé. Les premières étapes d'un programme d'éradication seraient, à mon avis, d'attaquer ses principales banques et de faire passer une loi faisant de la vente de musique rock and roll sous toutes ses formes — cassettes, disques, etc., et de la promotion des concerts rock — un délit pénal passible de lourdes peines de prison.

L'une des retombées de la "guerre du hachoir à viande" entre l'Iran et l'Irak a été la montée en flèche de la vente d'héroïne dont est dérivée la morphine diacétyle. La majeure partie du produit de ce commerce s'est retrouvée dans les banques panaméennes, le "chevauchement" avec Hong Kong, que j'ai mentionné précédemment.

Il y a officiellement 2,6 millions d'héroïnomanes en Iran, dont 1,5 million dans l'armée, où les soldats-dépendants peuvent s'en procurer sur demande. On se souvient que l'oligarchie britannique a tenté la même opération pendant la guerre entre les États, la guerre de Sécession, mais n'a pas eu de succès. L'argent de l'héroïne n'a pas seulement alimenté la guerre du Golfe, il alimente également les tenues des "combattants de la liberté", un terme utilisé par George Shultz pour décrire les meurtriers du Congrès national africain (ANC), les séparatistes basques (ETA), l'Armée républicaine irlandaise (IRA), le mouvement séparatiste sikh, les Kurdes, etc. Les fonds, provenant de la vente d'opium et de cocaïne, sont acheminés vers ces organisations terroristes par le biais du Conseil œcuménique des Églises.

De ce qui précède, il apparaît clairement pourquoi le Panama est si important pour les forces supranationales du monde unique. Le système bancaire du Panama a été mis en place par David Rockefeller pour être un dépôt bancaire pratique pour l'argent du commerce de la drogue. Le Panama a été désigné comme le centre bancaire de la cocaïne, tandis que Hong Kong restait le centre de l'héroïne et de l'opium. Le système bancaire du Panama a été restructuré selon le plan de Rockefeller par Nicholas Ardito Barletta, un ancien directeur de la Banque mondiale, et un directeur de la Marine Midland Bank, qui a été rachetée par le roi des banques de la drogue, la Hong Kong and Shanghai Bank, Barletta a été accepté en raison de son image "respectable" et de son expérience dans le traitement de grandes quantités d'argent de la drogue. En 1982, le département du Trésor a estimé que la Banco Nacional de Panama avait augmenté ses flux de dollars de près de 500% entre 1980 et 1984. Quelque 6 milliards de dollars d'argent non déclaré sont passés des États-Unis au Panama au cours de cette seule période de quatre ans.

L'ancien président du Pérou, Alan Garcia, qui a mené une guerre totale contre les barons de la drogue, s'est adressé aux Nations unies le 23 septembre 1998 à ce sujet et a énuméré les succès et les victoires du Pérou dans la guerre contre la drogue. Il a poursuivi en disant :

> Nous pourrions donc demander à l'administration américaine, si nous l'avons fait en cinquante jours, ce qu'elle fait pour les

droits de l'homme de l'individu qui s'effondre dans la gare de Grand Central et dans tant d'autres endroits, et quand elle luttera légalement et chrétiennement pour éradiquer la consommation ?

La réponse de Mme Nancy Reagan était "Just Say No", mais ce n'est pas une réponse à l'accusation implicite du président Garcia selon laquelle les États-Unis font bien moins que leur possible pour éradiquer le fléau de la drogue. Pourtant, tant de soi-disant "économistes" appellent encore à la légalisation de ce commerce infâme au nom du "libre-échange".

Parmi eux, on trouve Diego Cisneros qui est membre de la Société du Mont Pèlerin, un organisme soi-disant conservateur qui promeut la théorie du "libre-échange". Après l'assassinat d'Omar Torrijos en août 1961 (il a été assassiné parce qu'il avait choisi d'ignorer les ordres d'Henry Kissinger et montrait des signes forts de faire cavalier seul), le général Rueben Paredes, un homme fort, a pris le contrôle du Panama. Mais en février 1981, il fait fausse route en menaçant d'expulser l'ambassadeur américain du Panama pour ingérence dans les affaires intérieures du pays. Kissinger délivre alors un message à Paredes.

Dans une étonnante "volte-face", le général Paredes a soudainement commencé à soutenir le plan andin de Kissinger visant à transformer l'Amérique centrale en un autre Vietnam pour l'armée américaine, abandonnant son soutien aux politiques de Contadora. Bien qu'il présente de nombreux défauts, le Groupe de Contadora était fondamentalement conscient du "cheval de Troie" de Kissinger en Amérique centrale, et il s'est efforcé d'empêcher qu'un conflit de type vietnamien ne se développe dans la région. Henry Kissinger et le département d'État américain avaient auparavant fait la promotion de Paredes en tant que "nationaliste panaméen, ami anticommuniste acharné de l'Amérique."

Lors d'une visite parrainée par Kissinger à Washington D.C., Paredes a été escorté par Kissinger en personne. Six mois après le meurtre de Torrijos, le général Paredes a pris le commandement de la Garde nationale. Par la suite, Paredes a ouvertement fait l'éloge des terroristes colombiens des FARC et a saboté les efforts de Contadora pour parvenir à une solution pacifique aux problèmes de la région. Il s'est également donné beaucoup de mal pour cultiver l'amitié d'Anulfo Arias, que le *Washington Post*, le *New York Times* et, étonnamment, le sénateur Jesse Helms, ont présenté comme l'héritier légitime de la direction du Panama, dont la position aurait été usurpée par le général Noriega. Curieusement, lors des audiences sur le traité du canal de Panama, les chacals des médias n'ont rien dit de l'usurpation par Torrijos de la position "légitime" d'Anulfo Arias ! On a dit beaucoup de bêtises sur le fait qu'Arias était un "nazi" et donc indigne de diriger le Panama. Ce genre de propagande anti-allemande ne mérite pas de commentaire.

Malgré l'exécution impitoyable de son fils de 25 ans et de deux autres "partenaires commerciaux" panaméens par des tueurs travaillant pour les clans Ochoa et Escobar, dans le style de la mafia de la cocaïne, M. Paredes est resté fidèle aux seigneurs de la drogue et à leur réseau bancaire. La perte du soutien panaméen a été un coup dur pour les aspirations des Contadoras. Cela signifiait que le Panama resterait un centre "grand ouvert" pour le financement des ventes d'armes à la région, notamment fournies par Israël en vertu d'un accord conclu entre les dirigeants locaux et feu Ariel Sharon, un ancien partenaire commercial de Kissinger.

Outre les menaces pour lesquelles Kissinger est réputé, le FMI a joué un rôle dans le chantage exercé sur Paredes. Mes sources m'ont dit que Kissinger a fait savoir que l'accord de confirmation du FMI pour restructurer la dette de 320 millions de dollars du Panama pourrait ne pas être valable si Paredes se brouillait avec son maître. Paredes a "compris le message". Le FMI a immédiatement entamé une lutte avec le général Noriega qui a déclaré au peuple panaméen, dans une allocution télévisée le 22 mars 1986, que le FMI étranglait le Panama.

Le président Éric Delville a malheureusement soutenu les mesures d'austérité du FMI, qui étaient destinées à affaiblir le soutien des syndicats à Noriega. La fédération syndicale CONATO a alors commencé à menacer de rompre avec le général Noriega, à moins que les diktats du FMI ne soient ignorés.

Le général Manuel Noriega, alors qu'il était encore le colonel Noriega, était le chef du bureau de lutte contre les stupéfiants au Panama et a lutté pendant dix ans pour que la Garde nationale du Panama ne soit pas entachée de la corruption qui suit l'argent de la drogue aussi sûrement que le jour suit la nuit. Les familles Ochoa et Escobar ayant pratiquement pris le contrôle du Panama, ce n'était pas une mince affaire. La lutte antidrogue de Noriega est confirmée par John C. Lawn, chef de la Drug Enforcement Agency (DEA). Lawn n'était pas connu pour ses discours fleuris ni pour écrire des lettres de félicitations. La lettre qu'il a adressée au général Noriega est donc d'autant plus remarquable qu'elle le couvre d'éloges sans retenue.

Voici un extrait de cette lettre, qui est représentatif de la manière et du style dans lequel elle est rédigée :

> Je voudrais profiter de cette occasion pour réitérer ma profonde appréciation de la politique vigoureuse de lutte contre le trafic de drogue que vous avez adoptée, qui se reflète dans les nombreuses expulsions du Panama de trafiquants accusés, les importantes saisies de cocaïne et de précurseurs chimiques qui ont eu lieu au Panama et l'éradication de la culture de la marijuana sur le territoire panaméen.

Ni le *Washington Post* ni le *New York Times* n'ont jugé bon de reproduire cet éloge, paru dans un journal du Pérou. Je reviendrai plus tard sur le sujet de la DEA et de John C. Lawn, en raison de son importance capitale.

La seule chose que le *Washington Post* a faite pour contrer ce beau témoignage a été de publier les contre-vérités de son soi-disant "expert en renseignement", Seymour Hersh, qui a écrit un article dans lequel il affirme que le général Noriega était un "agent double" pour la CIA, l'alimentant avec des informations qu'il recevait de Cuba. Il s'agit d'un stratagème bien connu des véritables spécialistes du renseignement. L'objectif de ces "révélations" serait d'inciter les assassins des services secrets cubains de la DGI à assassiner le général Noriega sous prétexte qu'il a "doublé Cuba". Cela permettrait de détourner l'attention du gang Kissinger-banquiers si la tentative d'assassinat s'avérait réussie. Les informations et les récits de Hersh n'ont souvent pas été très précis et la "divulgation" de Noriega doit être considérée pour ce qu'elle était : un possible coup monté pour une tentative d'assassinat du général Noriega.

Noriega a riposté avec toutes les maigres ressources à sa disposition. Mais il faut savoir que toute action contre le trafic de drogue est dangereuse.

Le Panama est un exemple du type de contre-action qu'un ennemi puissant est capable de mettre en place. Dans les Caraïbes et au Panama, les forces anti-drogue ont été confrontées à un consortium composé du cabinet d'avocats Coudert Brothers en la personne de Sol Linowitz. Parmi les autres membres du consortium figuraient Fidel Castro, David Rockefeller, Henry Kissinger et le Fonds monétaire international (FMI), ainsi qu'un certain nombre de grandes banques et le département d'État américain. Le plan Andes de Kissinger est contrecarré par le général Noriega et il est sous le feu des critiques en raison de sa position antidrogue. L'issue de l'affaire du Panama était prévisible. L'Initiative pour le bassin des Caraïbes de Rockefeller revenait à remettre à Fidel Castro un empire de la drogue d'une valeur d'au moins 35 milliards de dollars par an, qui n'avait pas l'intention de l'abandonner sans combattre.

En Colombie, David Rockefeller et Kissinger ont créé "un État dans l'État", où Carlos Lederer — jusqu'à son arrestation — était un caïd des clans Ochoa et Escobar qui régnaient pratiquement sur tout le pays. Dans le centre de Bogota, la moitié des magistrats de la ville ont été exécutés par l'armée de guérilla privée du MI9 des barons de la drogue, également connue sous le nom de (FARC).

L'assaut était un acte d'anarchie pure et simple qui a laissé la Colombie dans un état de peur insensible. Qu'y avait-il derrière cette activité frénétique, qui était en réalité une révolution ? C'est tout simplement l'argent, des vagues et des vagues d'argent, qui affluent vers les paradis offshore des Caraïbes et du Panama. La

DEA estime que la Colombie, à elle seule, a accumulé 39 milliards de dollars en espèces entre 1980 et 2006. La DEA et le Trésor estimaient que le Panama était devenu la capitale bancaire du monde de la cocaïne, et je n'ai rien à redire à cette évaluation. En 1982, le département du Trésor a déclaré que la Banco National de Panama était devenue la principale chambre de compensation des dollars de la drogue, avec une multiplication par six de ses flux de trésorerie entre 1980 et 1988.

Le Panama, jusqu'à l'arrivée au pouvoir du général Noriega, était également le lieu de rencontre privilégié des caïds du trafic de drogue. Lopez Michelson, qui a proposé de rembourser la dette extérieure de la Colombie grâce aux revenus de la cocaïne si le gouvernement colombien "légalisait" la position des familles de trafiquants, opérait assez librement depuis le Panama, où il rencontrait souvent Jorge Ochoa et Pablo Escobar. Ces membres importants du cartel colombien de la drogue étaient connus pour avoir conclu un accord avec Rodrigo Botera Montoya, ministre colombien des Finances de 1974 à 1976, qui a mis en place un "guichet ouvert" à la Banque centrale, où les dollars de la drogue pouvaient être échangés librement et ouvertement sans aucun problème avec les autorités. Cette "fenêtre" n'a jamais été fermée ! Elle est plus connue sous son nom familier de "ventanilla siniestra", littéralement "fenêtre sinistre". C'est par cette "fenêtre" que Fidel Castro a reçu d'énormes quantités de dollars américains.

Les autorités américaines étaient-elles au courant des activités de Botera ? Bien sûr qu'elles l'étaient. Botera était membre du prestigieux Aspen Institute, de la Fondation Ford et ancien coprésident du Dialogue interaméricain. Il était bien connu du suave Elliott Richardson, dont on se souvient surtout pour avoir persécuté et trahi le président Richard Nixon à la suite du scandale du Watergate. Ce que l'on sait moins, c'est qu'Elliott Richardson, un brahmane de Boston éminemment respectable, était l'avocat de feu Cyrus Hashemi. Hashemi était le porte-flingue numéro un du marché d'armes Carter-Khomeini de 1979.

Richardson était le représentant officiel et le conseiller juridique du gouvernement marxiste d'Angola. Il a également été fortement impliqué dans le scandaleux camouflage de la mort mystérieuse de neuf malades mentaux dans le sinistre établissement de Bridgeport, qui n'a toujours pas fait l'objet d'une enquête à ce jour. Les liens de Richardson avec le commerce de la drogue sont visibles à travers le lobby pro-narcotique, l'Institut pour la Liberté et la Démocratie, qu'il a aidé à fonder à Lima, au Pérou, en 1961.

Compte tenu du grand nombre de noms qui apparaissent dans le déroulement de la tragédie du Panama, il semble judicieux de dresser la liste des principaux acteurs et institutions impliqués — en particulier les ennemis de Noriega, qui étaient nombreux et puissants, comme le montre la liste suivante :

Alvin Weeden Gamboa

Cet avocat panaméen, coursier des barons de la drogue, a formé le Parti d'action populaire (PAPO), un parti d'opposition qui défend les droits de l'homme, avec deux autres ennemis de Noriega, Winston Robles et Roberto Eisenmann. Tous étaient fermement opposés à la Force de défense du Panama et recevaient régulièrement de généreuses louanges de la part de la presse jackal américaine et du Département d'État, qui les classaient parmi les membres d'un "gouvernement démocratique alternatif" du Panama.

Cesar Tribaldos

Il a été fortement impliqué dans le blanchiment d'argent pour les barons de la cocaïne colombiens. Il est et était un coordinateur du mouvement Civic Crusade avec Roberto Eisenmann, propriétaire du journal *La Prensa* et membre du PAPO. Il a également fait partie du conseil d'administration de Banco Continental.

Ricardo Tribaldos

Frère de Cesar, il a été inculpé pour avoir tenté d'importer au Panama d'énormes quantités de précurseurs chimiques, l'éther éthylique (acétone), principal produit chimique utilisé pour raffiner la cocaïne. Ricardo avait monté l'opération en 1984 en prévision de l'ouverture par les Colombiens Ochoa et Escobar d'un important laboratoire de traitement de la cocaïne au Panama.

Roberto Eisenmann

Roberto Eisenmann était le propriétaire du journal *La Prensa* et à l'époque, un puissant atout du département d'État américain. Il figurait en bonne place dans la proposition de gouvernement "démocratique alternatif" pour le Panama. Eisenmann déteste Noriega pour avoir démantelé l'une des principales opérations de Jorge Genoa et fermé la First Interamerica Bank, qui violait les lois bancaires panaméennes de 1985. Cela laisse Eisenmann et ses collègues perplexes.

Personne ne s'attendait à ce qu'une action sérieuse puisse être entreprise contre la communauté internationale qui contrôle 80% de l'économie du Panama et qui a fondé une "Suisse au Panama" suite aux changements apportés par Nicholas Barletta. Cette communauté d'élite de narcotrafiquants et de banquiers a donc été stupéfaite lorsque Noriega a fourni ces informations à la DEA, ce qui a permis l'arrestation du grand baron de la cocaïne Jorge Ochoa en Espagne. L'establishment panaméen a été secoué par ces développements.

Eisenmann est devenu un critique véhément de Noriega, l'accusant de détruire l'économie du Panama, l'accusant même d'être impliqué dans le trafic de cocaïne, alors qu'en fait c'est Eisenmann qui travaillait en étroite collaboration avec les barons de la cocaïne colombiens. Eisenmann faisait partie d'un groupe de barons de la drogue, de banquiers, d'avocats et de rédacteurs en chef de journaux, dont la rhétorique pro-démocratique était destinée à brouiller les pistes, ce qui, si la vérité avait été dévoilée, les aurait menés tout droit au blanchiment d'argent sale de la cocaïne. Eisenmann, qui a mené l'attaque contre Noriega pendant 12 ans, était le premier choix du département d'État américain pour diriger le gouvernement qu'il comptait placer au pouvoir une fois Noriega évincé. Il se peut que certains lecteurs considèrent ces informations avec scepticisme, mais je suis convaincu que mes informations résisteront à tout test, car elles sont étayées par des faits solides. En 1964, Eisenmann a été exposé comme l'homme derrière l'achat de la Dadeland Bank de Miami, par laquelle le syndicat Fernandez blanchissait sa cocaïne et sa marijuana, une preuve suffisante pour que les banques puissent à juste titre faire l'objet d'une enquête de la DEA. Mais cela ne s'est pas produit.

Le syndicat Fernandez, inculpé en 1984, a stocké de grandes quantités d'argent liquide provenant du commerce de la drogue dans des coffres loués à la banque avant de les transférer au Panama, et les dossiers judiciaires montrent que le syndicat détenait la majorité du total des actions émises dans la Dadeland Bank d'Eisenmann. Pourtant, ce sont Weeden, Eisenmann et Fernandez qui ont spécifiquement accusé Noriega de traiter avec les barons de la drogue. Après la publicité, le syndicat de Fernandez a transféré son argent sale de la Dadeland Bank à la Banco de Iberoamerica, citée dans l'acte d'accusation comme l'une des 15 banques panaméennes qu'il utilisait. Eisenmann a juré plus tard qu'il n'avait aucune idée que sa Dadeland Bank était utilisée pour blanchir l'argent des stupéfiants.

Carlos Rodriguez Milian

Ce remarquable coursier de Lederer, Escobar et des frères Ochoa, recevait un salaire de 2 millions de dollars par mois jusqu'au moment de son arrestation par les agents de la DEA, suite à un tuyau reçu de son ennemi juré, le général Noriega. Son travail consistait à superviser et à livrer d'énormes sommes d'argent liquide provenant de la drogue à la Bank of America, First Boston et Citicorp, entre autres, à des fins de blanchiment.

Lors de l'audition de la sous-commission des stupéfiants de la commission sénatoriale des relations extérieures, le 11 février 1988, les procédures ont été conçues pour salir et noircir le nom du général Noriega. Milian a été amené de prison, où il purge une peine de 43 ans pour des activités commerciales liées à la drogue, pour témoigner contre le général Noriega. Mais il a perturbé la procédure et effrayé les membres du Comité en révélant qu'il avait livré d'énormes quantités de dollars de la drogue à plusieurs banques américaines. Ses révélations inattendues et non sollicitées sous serment ont été totalement occultées par les chacals des médias américains.

Lieutenant Colonel Julian Melo Borbua

Renvoyé déshonorablement de la Garde nationale panaméenne en 1964, Borbua est devenu l'un des témoins vedettes contre Noriega. Alors qu'il était encore dans la Garde nationale, il a rencontré les frères Ochoa en Colombie, qui lui ont donné le poste et l'ont payé 5 millions pour ouvrir un laboratoire de cocaïne à Darién, dans la jungle panaméenne ; pour obtenir des installations de stockage et de transit sûres et des logements sûrs pour les armes à vendre, principalement d'origine israélienne, et pour mettre en place des arrangements avec diverses banques afin de faciliter le flux d'argent provenant de ces transactions illégales. Les compatriotes impliqués dans ce projet étaient Ricardo Tribaldos, l'homme qui a été inculpé pour avoir tenté d'importer de l'éther éthylique au Panama, et un certain Gabriel Mendez.

Tribaldos et Mendez savaient qu'ils étaient sur la brèche lorsque les hommes de Noriega ont commencé à détruire d'importantes cargaisons d'acide éthylique éther et ont localisé et démoli un grand laboratoire de cocaïne. Sous la direction de personnes non divulguées, Tribaldos, Mendez et Borbua ont planifié la fuite massive de capitaux du Panama.

Le plan prévoyait une attaque et une campagne de diffamation contre l'armée et, si possible, l'assassinat de Noriega. Mais avant que tout cela ne puisse être mis à exécution, la Force de défense du Panama (PDF) découvre le complot et arrête le trio. Mendez et Tribaldos sont inculpés de trafic de stupéfiants et emprisonnés, mais sont libérés par un tribunal panaméen dans des circonstances suspectes. Borbua a été renvoyé de la PDF avec les honneurs. Ils sont tous devenus des membres actifs du front de la Croisade civique, mis sur pied pour évincer le général Noriega.

Croisade civique

Cette façade d'Eisenmann et de ses associés était uniquement destinée à être utilisée contre le général Noriega. Ses commanditaires étaient Eisenmann, Barletta, Tribaldos, Castillo et Blandon, Elliott Richardson, Norman Bailey et Sol Linowitz. La Croisade civique s'est établie à Washington D.C. en juin 1987, et Lewis Galindo, qui s'est autoproclamé "représentant international de l'opposition du Panama à Noriega", a été employé pour la diriger.

Galindo a des références impeccables auprès de la faction Shultz du Département d'État et de l'Establishment libéral de la côte Est par le biais de la Commission Trilatérale et de Sol Linowitz, l'un des serviteurs les plus fiables de l'Olympien et partenaire du prestigieux cabinet d'avocats Coudert Brothers. C'est ce même cabinet d'avocats qui devait trahir les États-Unis en cédant le territoire souverain américain à Panama, ce qui est interdit par la Constitution des États-Unis. Galindo avait également des références impeccables auprès de l'ancien président de la Colombie, Alfonso Lopez Michelson, généralement considéré par les agents des services de renseignements sur les stupéfiants comme l'homme qui supervisait le commerce de la cocaïne et de la marijuana en Colombie pendant son mandat de 1974 à 1978.

Les frères Robles

Ivan Robles et son frère Winston sont des avocats de premier plan au Panama. Ils doivent leur notoriété aux patrons du trafic de cocaïne et à leurs banquiers. Winston Robles est coéditeur de La Prensa de Roberto Eisenmann, dont les liens avec la banque Fernandez-Dadeland sont avérés. L'annuaire juridique international donne le titre correct du cabinet d'avocats : Martindale-Hubbell, Robles et Robles. Eisenmann de La Prensa, également propriétaire avéré d'un tiers de la Dadeland Bank, avec ses connexions passées peu recommandables avec le syndicat Fernandez, était favorisé par l'ancien secrétaire d'État George Shultz et le département d'État pour remplacer le général Noriega.

Ces "négociations" découlaient des accusations totalement fausses de trafic de drogue portées contre Noriega par un grand jury de Miami en Floride le 5 février 1988. Cet acte d'accusation souligne une fois de plus le besoin urgent pour le peuple américain de se débarrasser de cet appendice archaïque et féodal qu'est la "chambre étoilée" (Grand Jury) de notre système juridique. La dernière information sur les "négociations" est la déclaration de George Shultz :

> Nous avons eu de nombreuses discussions avec lui (Noriega), mais nous n'avons pas encore conclu d'accord selon lequel les charges contre Noriega seront abandonnées s'il se retire volontairement.

Amiral John Poindexter

Les fausses accusations contre Noriega sont nées de l'échec de la mission de Poindexter visant à forcer le général à quitter son poste. La mission de Poindexter au nom de Shultz s'inscrivait dans la lignée du message brutal du président Reagan pour se débarrasser du président Marcos, délivré par le sénateur Paul Laxalt, qui a joué le rôle de Judas bien mieux que Poindexter. La mission de Poindexter a déclenché la guerre actuelle menée par les barons de la drogue, les banquiers, les avocats et leurs alliés américains pour débarrasser le Panama de la menace à leur existence émanant de la poursuite vigoureuse des lois et politiques bancaires anti-cocaïne menées par le général Noriega et le PDF. Dans l'interview télévisée de Mike Wallace, Noriega a clairement indiqué que Poindexter était venu comme une brute exigeant que le Panama se plie aux exigences colonialistes des Olympiens (Le Comité des 300).

Je n'étais pas opposé à l'invasion du Nicaragua par les forces militaires américaines, mais une autre guerre de type Vietnam n'aurait fait que le jeu du gouvernement mondial unique et des traîtres à l'intérieur de nos frontières. Poindexter était soutenu par les médias américains qui allaient jusqu'à préconiser que Noriega soit éliminé par la force. Après avoir répondu aux menaces de Poindexter par une rebuffade ferme, Noriega savait que les jeux étaient faits. Il a donc cherché à s'allier avec les péronistes et à obtenir leur soutien. Lors d'une réunion avec les dirigeants péronistes, qui a lieu à Mar del Plata, en Argentine, Noriega et sa délégation d'officiers de niveau intermédiaire reçoivent les assurances qu'ils attendaient. Mais des contre-mesures ne tardent pas à être prises pour effrayer les Argentins. Les troupes britanniques organisent des "exercices" dans les îles Malouines pour montrer ce qui se passerait si l'Argentine intervenait dans les affaires du Panama, et le général John Calvin, chef du commandement de la zone sud de l'armée américaine, rencontre le ministre argentin de la Défense, Horacio Juanarena. La réunion portait apparemment sur les menaces britanniques et les tensions croissantes entre les deux pays au sujet des Malouines.

Le général Galvin adresse un avertissement sévère à Juanarena pour que l'Argentine ne s'implique pas au Panama. La mission de Galvin à Buenos Aires aurait pu, à juste titre, être comparée à la mission du général Hauser à Téhéran à l'époque où l'ancien président Jimmy Carter trahissait le Shah d'Iran.

L'opération antidrogue de la DEA, qui faisait suite à une enquête de trois ans menée sous le nom de code "Opérations Poisson", a montré que les barons de la drogue et leurs partisans étaient les bénéficiaires d'énormes profits. Jusqu'en 1985, personne ne les avait sérieusement inquiétés. Mais en 1985, alors qu'auparavant il semblait vaguement possible que des lois rarement utilisées puissent devenir un problème à régler par l'intimidation, les pots-de-vin et la corruption, Noriega montrait maintenant qu'il ne pouvait pas être menacé ou acheté, et qu'il était sérieux.

"L'Opération Poisson" a permis de fermer 54 comptes dans 18 banques panaméennes et de saisir 10 millions de dollars et de grandes quantités de cocaïne. Il a été établi par la suite que les banques avaient été averties par certains membres du PDF et qu'elles avaient pu déplacer de grandes quantités d'argent liquide avant d'être perquisitionnées. Cette opération a été suivie du gel de 85 autres comptes dans des banques dont les dépôts étaient censés être tachés de sang et de cocaïne, une action menée par la Force de défense du Panama (PDF). Cinquante-huit grands "coureurs" colombiens, américains et certains Cubano-Américains ont été arrêtés et inculpés pour trafic de stupéfiants. L'"Opération Poisson" a été rendue possible par l'adoption de la loi panaméenne 23, qui annonçait ce à quoi les narcotrafiquants pouvaient s'attendre à l'avenir. *La Prensa* se plaint amèrement que la Force de défense du Panama mène une campagne publicitaire contre la drogue au nom du gouvernement américain, une campagne qui "dévastera le centre bancaire panaméen".

Jose Blandon

C'est le cas de Jose Blandon, qui a été retourné à 180 degrés par le consortium pro-drogue. Quel est le rôle assigné à Blandon dans la guerre qui se déroule contre les forces anti-cocaïne ?

Il a été engagé pour obtenir un soi-disant "soutien international" à la faction Elliott Richardson-Sol Linowitz qui tentait de faire tomber le général Noriega. Ce faisant, Blandon s'est révélé être un menteur hypocrite et sans scrupules. Blandon a servi l'Internationale socialiste de Willie Brandt (également connue dans certains milieux sous le nom de Partenariat). Avant de prendre son poste d'accusateur en chef de Noriega, Blandon, qui était le consul général de New York pour le Panama, est passé à la télévision panaméenne le 11 août 1987 pour soutenir Noriega. Il a attaqué avec véhémence les forces qui s'opposent au général Noriega — caractérisant l'hostilité comme une campagne visant essentiellement à la liquidation de Jose Blandon.

Examinons de plus près le porte-parole du Département d'État pour le "Panama". Peu après son apparition à la télévision en faveur de Noriega, en fait moins d'un mois après, Blandon a été saisi par l'Establishment libéral de l'Est en la personne de Shultz, Kissinger et Elliot Abrams et on lui a dit d'arrêter de soutenir le mauvais cheval. Selon les rapports des services de renseignement, Blandon n'avait aucune idée de ce que l'avenir réservait à Noriega. On lui a carrément dit de "rejoindre l'équipe gagnante" ou de se retrouver sur la touche lorsque le "nouveau gouvernement" serait mis en place. Blandon, qui a toujours été un individu égoïste, n'a pas perdu de temps pour changer de cap et prendre le train en marche pour "attraper Noriega". Peu de temps après avoir changé de camp, Blandon a annoncé qu'il "rassemblait le soutien de la communauté internationale contre le général Noriega".

Il a donc été sommairement démis de ses fonctions consulaires. Aucun gouvernement ne peut se permettre de voir ses représentants conspirer avec des "forces étrangères prônant son renversement". Blandon a été immédiatement soutenu par le Département d'État et les médias américains. Il a été présenté par le Dr Norman Bailey comme un fonctionnaire panaméen respectable de haut rang, qui avait des informations vraiment surprenantes à communiquer sur le prétendu "trafic de drogue" de Noriega. Je ne peux pas être totalement certain que Blandon n'a pas reçu immédiatement un soutien financier de Bailey, de la Civic Crusade et de Sol Linowitz, mais Washington a déclaré avoir reçu certaines informations qui tendraient à confirmer que Blandon était un mercenaire rémunéré de Linowitz, Norman Bailey et de la Civic Crusade. L'avocat de Miami Ray Takiff, qui a représenté le général Noriega aux États-Unis, a dit tout simplement que Blandon était un menteur à la solde du gouvernement américain.

L'un des contrôleurs de Blandon était William G. Walker, sous-secrétaire d'État adjoint aux affaires internationales, qui a plus tard joué un rôle sale dans la chute du gouvernement de Serbie. Selon les rapports que j'ai reçus, c'est Walker qui a coaché Blandon concernant son témoignage devant la sous-commission des affaires étrangères du Sénat sur le terrorisme, les stupéfiants et les opérations internationales, une sous-commission anti-Noriega. Walker a ensuite joué un rôle clé dans la destruction du leader serbe Milosevic, qui a entraîné la chute du pays et la prise de pouvoir par un gouvernement musulman d'Albanie.

Blandon était réputé pour ses sautes d'humeur d'un sujet à l'autre, sans compter qu'il changeait de cheval en cours de route. Walker voulait s'assurer que Blandon ne s'égarait pas dans des domaines susceptibles d'entraîner des complications, tout en témoignant devant le comité "ouvert et fermé", à la manière de l'exposé embarrassant de Rodriguez Milian sur les principales banques américaines. Lewis Galindo, de la Civic Crusade, que nous connaissons bien, était un autre "coach" de Blandon, avec Walker et le Dr Norman Bailey. Galindo a passé beaucoup de temps à dire à Blandon de s'en tenir à l'essentiel, lors de son témoignage devant la sous-commission sénatoriale avide d'"attraper Noriega".

La commission devait être familière avec le penchant de Blandon à déformer les "faits" de la même manière qu'elle devait être au courant de ses "contacts internationaux de haut niveau" plutôt douteux. Pourtant, la sous-commission du Sénat a présenté Blandon comme son témoin vedette contre Noriega la plupart du temps au cours des sessions du 8 au 11 février. Cela devrait profondément troubler tous les patriotes qui tiennent à nos institutions et à nos traditions.

L'attaque contre Noriega a dégradé et avili nos institutions, sans compter qu'elle a jeté de sérieux doutes sur notre système judiciaire. Désireux de tirer le meilleur parti du témoignage de Blandon, bien qu'il n'aurait jamais tenu plus de quelques minutes selon les règles de preuve du tribunal, et sous contre-interrogatoire, les membres de la commission ont écouté avec impatience sa diatribe décousue et contradictoire contre le général Noriega. Même avec une telle marge de manœuvre et des membres de la commission qui se plient en quatre pour faire preuve de sollicitude, Blandon a fait aussi piètre figure que les criminels Floyd Carlton et Milian Rodriguez, qui ont été appelés à témoigner à charge.

La procédure rappelait les "procès pour l'exemple" et n'a pas sa place dans le système américain. Si c'est ce que nos politiciens appellent un "gouvernement ouvert", alors que Dieu aide l'Amérique. Les audiences de la sous-commission peuvent-elles être qualifiées de "procès" ? J'ai tendance à croire qu'il s'agissait d'un procès du général Noriega, bien que le président de la sous-commission, John Kerry, l'ait catégoriquement rejeté lorsqu'on lui a posé la question. Kerry a fait défiler Blandon devant la commission comme on fait défiler un chien sur le ring lors d'une exposition canine. Lorsque Blandon s'est mis à bafouiller de manière incohérente, Kerry lui a dit à plusieurs reprises "reste mon garçon — pas si vite". C'est le même John Kerry qui devait se présenter à la présidence des États-Unis. Dieu merci, il a été battu.

Kerry a veillé à ce que le récent discours télévisé de Blandon en faveur de Noriega ne soit pas évoqué. Au cours de ce discours, Blandon a déclaré que les accusations portées contre le commandant des PDF étaient des "fabrications" et a nié avec véhémence que des officiers des PDF aient été impliqués dans le trafic de stupéfiants. C'est peut-être une bonne politique, mais c'est une mauvaise justice. En fin de compte, incapable de suivre ses propres divagations, Blandon s'est contredit et a donné des comptes rendus tellement différents des mêmes événements que même les chacals des médias, notamment *Time Magazine*, ont dû admettre à contrecœur que la crédibilité de Blandon était inexistante ! Mais pas pour John Kerry, qui ne pouvait pas se permettre de perdre son témoin de la Chambre étoilée.

D'où viennent les "faits" de Blandon concernant l'implication de Noriega dans le trafic de drogue ? Des analyses minutieuses préparées par des spécialistes dans ce domaine ont montré une similitude frappante entre les phrases et les mots utilisés par Norman Bailey, Lopez Michelson, Roberto Eisenmann, Lewis Galindo et de nombreux mots et expressions utilisés par Blandon. Il semble donc que ces hommes aient pu mettre des mots dans la bouche de Blandon. Nous avons déjà rencontré le millionnaire Galindo, qui est censé avoir fait fortune dans l'immobilier, et Eisenmann de *La Prensa*, mais il est utile et nécessaire de mentionner en passant que Galindo jouit de la confiance de Sol Linowitz, de la Commission trilatérale, et de son proche associé, le Dr Norman Bailey.

Lopez Michelson

Lopez Michelson a été président de la Colombie de 1974 à 1978, période durant laquelle il est devenu très ami avec Fidel Castro qui a réinstallé Carlos Lederer après qu'il ait été contraint par des agents de la DEA de fuir les Bahamas. C'est le ministre des Finances de Michelson, Rodrigo Bolero Montoya, qui a facilité le dépôt des dollars de la dope par les barons de la cocaïne en ouvrant le "guichet sinistre" à la Banque Nationale de Colombie dans le cadre des activités de surveillance de Michelson pour le compte des barons de la cocaïne Ochoa, Lederer et Escobar.

Lopez Michelson a même essayé de légaliser les barons de la dope en échange de leur offre de rembourser les obligations de la dette extérieure de la Colombie !

Nicolas Ardito Barletta

Un autre des laquais engagés par le Département d'État était Nicolas Ardito Barletta. Ami et confident de Norman Bailey du Conseil national de sécurité et chef de la "branche des banquiers" du NSC-CIA, proche de Sol Linowitz et William Colby, Barletta était manifestement un allié important de la faction "attrape Noriega". J'ai déjà mentionné que le Panama est devenu un refuge pour les trafiquants de drogue et leurs banques de blanchiment d'argent peu après que Blandon ait promulgué des lois strictes sur le secret bancaire : juste à temps pour le "boom" du commerce de la cocaïne. Sa législation sur le secret bancaire n'a jamais été remise en cause — jusqu'à ce que le général Noriega prenne cette terrible responsabilité. Pas étonnant que Blandon se soit allié à ses ennemis. Blandon était connu à Washington comme "l'homme des banquiers" du Panama.

Steven Sarnos

Identifié comme un narcotrafiquant, Sarnos semblait jouir d'un accès étonnamment facile à des fonctionnaires de l'administration comme l'amiral Poindexter, et à des notables comme Barletta. Sarnos faisait partie du groupe composé d'Eisenmann, Galindo et d'autres, qui a lancé la campagne de diffamation contre Noriega. Il semble que Sarnos était un autre des nombreux "entraîneurs" de Jose Blandon.

Sarnos voyage pour voir ses relations américaines de haut niveau sous la protection du programme fédéral de témoins. Peut-être grâce aux preuves fournies par Sarnos, son ancien collègue et partenaire commercial Fernandez a été condamné à une peine de prison pour trafic de marijuana. Nous ne le saurons peut-être jamais, mais ce doit être la raison pour laquelle Sarnos est autorisé à se rendre aux États-Unis, alors qu'un homme comme le président Waldheim, ancien secrétaire général de l'ONU, est sur la liste noire.

La commission sénatoriale dirigée par John Kerry a semblé faire tout ce qui était en son pouvoir pour contrebalancer les performances follement erratiques de Blandon. Interrogé par la presse sur les changements de témoignage, les inexactitudes et les contradictions de Blandon, le sénateur D'Amato, l'un des membres, a déclaré : "Les publicitaires essaieraient de faire n'importe quoi pour discréditer le témoignage de M. Blandon". Mais en fin de compte, le témoignage de Blandon s'est avéré n'être rien d'autre que le produit d'une imagination trop mûre. Son affirmation selon laquelle il aurait vu des documents confirmant l'espionnage par la CIA de la vie privée de certains sénateurs américains, allégation vivement démentie par la CIA, mais confirmée par Blandon, a fait grand bruit. La "bombe" de Blandon sur la CIA a bouleversé la commission presque autant que les révélations de Milian selon lesquelles de grandes banques américaines étaient impliquées dans le blanchiment d'argent sale.

Une autre des "personnalités internationales influentes" qui ont soutenu la conspiration visant à "attraper Noriega" est Ted Turner de CNN. On pense que Turner est un membre de la Commission trilatérale qui a été personnellement "formé" par David Rockefeller. Il semble que son nom ait été ajouté à la liste des ennemis de Noriega. *La Prensa* de Roberto Eisenmann a poussé un soupir de soulagement à la suite des audiences de la sous-commission du Sénat. Il était évident que la politique du banquier de la dope pour le Panama serait désormais la politique officielle des États-Unis. La campagne contre le PDF menée par les États-Unis vient directement des pages de *La Prensa* avec ses hurlements de rage d'être "réprimé". Les barons de la cocaïne et leurs banquiers ont écrit les paroles de la chanson de haine que l'administration Reagan chante contre le meilleur combattant du trafic de drogue au monde à cette époque, le général Manuel Noriega.

Le fait que Noriega ait été couvert de calomnies devrait nous renseigner sur son efficacité dans la guerre contre la drogue. S'il n'était pas une entité, personne à Washington ou au Panama ne s'en soucierait. Une campagne internationale de haine et de diffamation a rapidement atteint son paroxysme et s'est terminée par l'éviction de Noriega. Je suis convaincu, sur la base d'informations de la plus haute fiabilité, que même après son éviction, Noriega était toujours en grand danger. Ces informations se sont avérées exactes avec l'enlèvement et le transport de Noriega dans une prison de Floride, suivis d'une parodie de procès sans équivalent dans la jurisprudence de n'importe quelle nation occidentale. Les barons de la drogue et leurs banquiers ne vont pas pardonner et oublier. Noriega a été marqué pour l'élimination de la même manière que le général Somoza du Nicaragua était destiné à être assassiné.

Quelques éléments positifs sont ressortis des audiences de la sous-commission. Le général Paul German a nié avoir trouvé des preuves de malversations de la part de Noriega, comme l'ont prétendu Blandon et Norman Bailey. Il a déclaré qu'il n'y avait pas de preuves tangibles que Noriega avait des liens avec les barons de la cocaïne. Il y a eu des rumeurs, a dit German, mais aucune preuve réelle n'a jamais été trouvée. La commission n'a pas non plus pu produire l'ombre d'une preuve crédible pour étayer les fausses accusations portées contre Noriega, même si Kerry a fait des pieds et des mains, et pourtant il a été reconnu coupable et condamné à la prison à vie, dont il ne sera jamais libéré.

Blandon, Barletta, Linowitz, Elliot Abrams, Elliott Richardson, Lewis Galindo et Roberto Eisenmann, entre autres, veulent voir le commerce de la drogue légalisé. L'approche de Richardson sur cette question était très ingénieuse. Il prône la légalisation des drogues sans en avoir l'air. Sa ligne de conduite était qu'il était "trop tard" pour tenter de combattre la menace de la drogue et que, quels que soient les efforts déployés pour la supprimer, comme l'alcool avant elle, la meilleure solution était de légaliser les stupéfiants. Selon Richardson et sa faction de banquiers de l'Establishment libéral de l'Est, cela s'avérera beaucoup plus efficace et moins coûteux à long terme — exactement la ligne adoptée par le sénateur Edward Kennedy dans ses nombreuses tentatives de légaliser la drogue.

Edward Kennedy a été épargné du sort de ses frères, parce qu'il est utile pour pousser les projets de loi de l'establishment au Sénat — la seule raison de la poursuite de sa carrière politique. Si Kennedy ose une seule fois voter contre une législation pro-narcotique, il sera éliminé. Nous le savons et il le sait. C'est aussi clair que cela. Dans son article copié du rapport Sol Linowitz 1986 du Dialogue interaméricain, Richardson cite pratiquement les arguments avancés par *La Prensa* et Carlos Lederer pour soutenir la légalisation de l'usage de la cocaïne et de la marijuana de la même manière que les États-Unis ont finalement été forcés de légaliser l'alcool. Le Dialogue interaméricain est une confluence d'opinions entre l'Establishment libéral oriental et l'Amérique latine, qui suit l'élaboration trilatérale des politiques pour la région, sous les auspices du Comité des 300.

En bref, il est là pour étouffer les décisions de la Commission trilatérale. La liste de ses membres permet d'évaluer rapidement dans quelle mesure cet organe a été créé pour exécuter les ordres du CFR. Lorsque les noms de McGeorge Bundy, Linowitz, Kissinger, John R. Petty, Robert S. McNamara, Barletta et Montoya apparaissent, nous pouvons être sûrs que le sale boulot à la croisée des chemins existe.

Samper Pizano, coursier des barons colombiens de la cocaïne, affirme que l'Occident doit envisager une approche nouvelle et originale du problème de la drogue. Pizano, qui ne conteste pas ses liens avec les barons de la cocaïne colombiens, a un jour remis à Lopez Michelson un chèque d'un montant très élevé à titre de "contribution" à sa campagne présidentielle. Michelson a accepté l'argent, même s'il savait qu'il provenait de Carlos Lederer.

L'argument éculé en faveur d'une légalisation sélective a également été brandi par Richardson. Apparemment, 65 millions de toxicomanes aux États-Unis ne sont pas un nombre suffisant. Richardson laisse entendre que la guerre contre la drogue ne peut être gagnée, un autre argument ancien et dangereux, qui ignore les coups de marteau que le président Garcia a pu donner contre la mafia de la cocaïne en seulement cinquante jours, et ce avec des ressources strictement limitées à sa disposition ! L'argument décisif est l'affirmation suivante : "... l'illégalité des drogues aggrave les dommages causés aux toxicomanes et à la société américaine". En tant qu'officier de justice, M. Richardson méritait d'être examiné par l'Association du barreau américain, d'être accusé de pousser à la vente de stupéfiants et d'être inculpé pour ces motifs. Le Dialogue interaméricain a son club de banquiers des narcotiques qui soutient les tentatives de légalisation de la dope. Qu'il existe un lien avéré entre la First Bank of Boston, le Crédit Suisse et les barons de la cocaïne de Colombie ne serait pas difficile à prouver ; beaucoup moins difficile que d'essayer de rendre crédible et acceptable le témoignage tordu de Jose Blandon.

Pourquoi la sous-commission sénatoriale, qui s'en prenait à Noriega, n'a-t-elle pas poursuivi le Crédit Suisse, la First Bank of Boston, American Express et la Bank of America, si elle voulait vraiment projeter sa crédibilité dans la lutte contre le trafic de drogue ? Quel a été le rôle de John Kerry dans tout cela ? Quand le département d'État a-t-il vraiment commencé à craindre Noriega ?

Je dirais que c'était immédiatement après le succès de l'action anti-drogue conjointe DEA-Panama sous le nom de code "Opérations Poisson", qui a été révélé publiquement par la DEA le 6 mai 1987, dans ce qu'elle a qualifié de "l'enquête d'infiltration la plus importante et la plus réussie dans l'histoire de la lutte anti-drogue fédérale". Le département d'État a immédiatement lancé des contre-opérations, en collaboration avec les personnes citées dans cet article, afin de saper le succès de l'"Opération Poisson" et de destituer le général Noriega du poste de commandant de la force de défense du Panama. Le Département d'État et ses alliés du lobby pro-dopage avaient de bonnes raisons de craindre Noriega, comme le montre l'extrait suivant d'une lettre du 27 mai 1987 adressée à Noriega par le chef de la DEA. John C. Lawn, est on ne peut plus clair :

> Comme vous le savez, l'Opération Poisson, qui vient de s'achever, a été couronnée de succès : plusieurs millions de

dollars et des milliers de livres de drogue ont été arrachés aux trafiquants de drogue et aux blanchisseurs d'argent internationaux. Votre engagement personnel (c'est nous qui soulignons) dans l'Opération Poisson et les efforts professionnels compétents et inlassables des autres fonctionnaires de la République du Panama ont été essentiels à l'issue positive de cette enquête. Les trafiquants de drogue du monde entier savent que les produits et les bénéfices de leurs activités illégales ne sont pas les bienvenus au Panama.

En effet !

Dans ces dernières lignes, nous trouvons la clé de la raison pour laquelle le Département d'État s'est retourné contre le général Noriega et pourquoi une campagne nationale de calomnie et de diffamation a été lancée contre le combattant le plus efficace du trafic de drogue dans le monde à l'époque. Les lettres de John C. Lawn contrastent très nettement avec le spectacle désolant de Jose Blandon et du trafiquant de drogue condamné Milian, qui s'efforcent de noircir l'homme le plus haï et le plus craint par les barons colombiens de la drogue, leurs banquiers panaméens et leurs alliés de l'establishment libéral oriental, parmi lesquels nous incluons le *New York Times* et le *Washington Post*.

Les audiences de la sous-commission sénatoriale ont rendu un terrible et regrettable mauvais service au peuple américain en soutenant les barons de la drogue et leurs banquiers, et ont pratiquement enterré ce qui restait du programme lamentablement faible de lutte contre la drogue, que le président Reagan était censé avoir laissé entre les mains de George H. W. Bush. Tout ce qui restait de notre amour-propre en lambeaux en tant que nation opposée à la menace de la drogue était le pathétique "Just Say No" de Nancy Reagan. Les paroles ne valent pas grand-chose, surtout si on les compare aux actes de bravoure que nous pouvons imputer au général Noriega et au président Alan Garcia.

La presse de l'establishment américain, les chacals, qui suivent les dictats du chef de meute David Rockefeller, ont orchestré la vicieuse campagne anti-Noriega en Amérique, qui a conduit à l'inculpation par un grand jury de Miami de l'homme si généreusement loué par le chef de la DEA. Qui a tort ici ? Est-ce John C. Lawn ? Le Noriega dont il a fait l'éloge est-il vraiment le même homme que celui que la presse, les avocats, les banquiers, les menteurs rémunérés et les organisations politiques de la mafia de la cocaïne dépeignent comme un ami et un protecteur des narcotrafiquants ?

À première vue, il semble y avoir une certaine confusion. Soit Noriega n'est manifestement pas l'homme que John C. Lawn a félicité, soit les témoins de la sous-commission sénatoriale étaient des menteurs. Nous vous laissons le soin de tirer vos propres conclusions. Revenons à la liste des "ennemis de Noriega" et découvrons les principaux auteurs de ce crime le plus sauvage contre le meilleur adversaire des trafiquants de drogue des temps modernes.

Général Ruben Darios Paredes

Cet ancien commandant de la Garde nationale panaméenne à la retraite était l'ennemi le plus combatif et le plus dangereux du général Noriega. Malgré l'exécution brutale de son fils par la mafia de la cocaïne, Paredes est resté fidèle aux frères Ochoa, même après avoir découvert qu'ils lui avaient menti lorsqu'il avait téléphoné pour s'enquérir de son fils disparu. Paredes a accepté la parole des Ochoa selon laquelle son fils était sain et sauf, alors même que la presse colombienne claironnait que Rueben Jr. était déjà mort, victime de "los grandes mafioses". Paredes avait des liens de longue date avec Fidel Castro et son "ami spécial" autoproclamé, le colonel Roberto Diaz Herrera. Compte tenu de ces faits connus, il n'est pas surprenant de trouver Paredes recevant chez lui des membres de l'armée privée de terroristes de Carlos Ledher, le M19, et les protégeant après qu'une unité du M19 ait été mise en place au Panama pour protéger le laboratoire de cocaïne de Darién et les caches d'armes israéliennes.

Paredes était le choix de Kissinger, Linowitz et du Département d'État pour remplacer le Général Noriega une fois qu'il aurait été forcé de partir par des menaces ou des poursuites du Département de la Justice. C'est sur cette base que se sont déroulées les prétendues "négociations" avec le général Noriega. En juillet 1987, Paredes a menacé de déclencher une guerre au Panama si le général Noriega ne démissionnait pas. Le rôle assigné à Paredes par Kissinger et Linowitz était celui d'un trouble-fête, pour s'assurer qu'aucun individu ou parti politique ne devienne assez fort pour menacer les intérêts des barons de la drogue et de leur réseau bancaire. Comme mentionné précédemment, lorsque Torrijos a montré de tels signes, il a eu un "accident" d'avion fatal. Existe-t-il une preuve réelle du type de celle que la sous-commission sénatoriale recherche si avidement, et qu'elle n'a pas trouvée dans le cas du général Noriega, qui aurait pu relier Paredes aux barons de la cocaïne et à leurs banquiers véreux ? Il est de notoriété publique que les Ochoas ont offert des cadeaux coûteux à Paredes, y compris de coûteux chevaux de course pur sang, mais cela ne constitue pas en soi une preuve suffisante. Ensuite, il y a la question des relations clairement établies entre l'adjoint de Paredes, le lieutenant-colonel Julian Melo Barbua, que nous avons déjà rencontré, et dont les relations étroites avec Ricardo Tribaldos, Jaime Castillo, Mendez et d'autres trafiquants Ochoa comme Stephen Samos n'ont pas été contestées et qui ne pouvaient en aucun cas être cachées au général Paredes.

Lorsque Lopez Michelson a rencontré les barons colombiens de la cocaïne à Panama en 1984, c'est Melo Borbua qui a veillé à ce qu'ils ne soient pas dérangés. J'ai mentionné Stephen Samos, parce qu'il était marié à Alma Robles, une sœur des frères Robles dont le cabinet d'avocats est utilisé par les barons de la drogue. Samos était un coursier pour le syndicat Fernandez, jusqu'à ce qu'il se fasse prendre. Selon mes informations, il était bien connu de Melo Borbua, et ses activités n'auraient pas pu échapper à l'attention d'un homme comme le général Paredes.

Paredes, en dépit de ses liens connus avec la drogue, était très recherché par les chacals des médias américains. Il a reçu des critiques de presse tout à fait favorables, son passé sordide étant apparemment bien caché, de la même manière que le général Pitovranov de la Mission économique et commerciale des États-Unis (USTEC) est aimé par la presse américaine, malgré son passé connu de chef d'une escouade mondiale d'enlèvements et de meurtres du KGB.

Dr Norman Bailey

Le passé de Bailey est lié au Conseil national de sécurité, où il a servi avant de s'associer à Sol Linowitz, l'auteur de la tristement célèbre affaire du canal de Panama. Alors qu'il était membre du Conseil national de sécurité, Bailey a été chargé d'étudier le mouvement de l'argent des stupéfiants, ce qui lui a donné une expérience directe du Panama. En conséquence directe de ses études, Bailey se lie d'amitié avec Nicholas Ardito Barletta. On pense que Bailey a développé une haine de Noriega, le rendant responsable de la perte du poste présidentiel de Barletta. Bailey a déclaré :

> J'ai commencé ma guerre contre le Panama lorsque mon ami Nicky Barletta a démissionné de son poste de président du Panama.

Bailey a beaucoup appris sur les lois du Panama relatives au secret bancaire auprès de l'homme responsable d'en avoir fait un refuge pour les trafiquants de drogue et les banques de blanchiment d'argent dont il est devenu le défenseur.

Pourquoi Bailey aurait-il dû s'offusquer du licenciement de Barletta ? Parce que Barletta était "l'homme de terrain" qui représentait les hauts responsables de l'Establishment britannique et américain, impliqués dans le trafic de drogue jusqu'au sourcil — à bonne distance bien sûr. Il était également l'homme du Fonds Monétaire International (FMI) sur place au Panama pour veiller à ce que ses diktats soient obéis sans discussion, et il était le favori de George Shultz. Lorsque le général Noriega a résisté aux mesures d'austérité du FMI, il est entré en collision frontale avec Ardito Barletta et, par procuration, avec l'establishment élitiste de Washington. À l'insu de Bailey, le général Noriega s'était entretenu avec Alan Garcia, dont la tactique avait permis de défendre avec succès le Pérou contre les déprédations du FMI, et que Noriega a ensuite adoptées pour le Panama.

En conséquence, Bailey est évincé lorsqu'il tente de devenir l'exécuteur du FMI. C'est alors que la décision de mener une guerre totale contre Noriega et la Garde nationale a été prise par George Shultz sur les conseils de Norman Bailey et de son partenaire commercial, William Colby, dont la société, Colby, Bailey, Werner and Associates, avait été consultée par les banquiers panaméens et américains qui blanchissaient l'argent de la drogue, pris de panique. À partir de ce moment, le général Noriega n'a plus jamais été appelé autrement que "dictateur".

Bailey maintient qu'il n'était pas intéressé à se débarrasser de Noriega. Il était plus important, dit-il, de se débarrasser de lui militairement, car, selon Bailey, "le Panama est le pays le plus fortement militarisé de l'hémisphère occidental." Cette déclaration remarquable doit être mise en balance avec le fait connu que c'est Bailey qui a rédigé les accusations portées contre Noriega par Blandon, Eisenmann et Weedon. Bailey, en tant que membre du groupe d'action civique qui a travaillé dur pour évincer Noriega et le remplacer par ce que Bailey aimait appeler une "junte civile", qui organisera des élections libres une fois qu'elle aura pris le pouvoir, pour lesquelles il fixe un délai d'un an.

Bailey a largement contribué à la diffamation de Noriega par le *New York Times* et le *Washington Post*, qu'il qualifie de "fait à 98%". Même si seulement 2% ne sont pas des faits, alors ses articles doivent certainement être totalement suspects ? Par l'intermédiaire de Bailey, la conspiration contre le général Noriega a bouclé la boucle, des barons de la cocaïne en Colombie aux élitistes de Washington, Londres et New York. C'est par l'intermédiaire de Bailey que le lien a été établi entre la mafia de la cocaïne meurtrière de basse classe et les noms respectables et intouchables des registres sociaux et politiques de Washington, Boston, Londres et New York, incarnés par Elliott Richardson et George Shultz.

Ce qui est en jeu, ce sont les énormes sommes d'argent générées par les trafiquants de stupéfiants, encore illégaux, qui risquent toutefois de ne plus l'être très longtemps, étant donné la pression exercée sur les législateurs pour qu'ils "assouplissent" l'"usage social" de drogues telles que la marijuana et la cocaïne. Derrière la pression exercée contre le tabagisme se cache la campagne du lobby de la drogue visant à légaliser la "consommation légère" de drogues dangereuses génératrices de dépendance. Le Surgeon General affirme que la nicotine crée une dépendance aussi forte que la cocaïne et l'héroïne. Les implications sont évidentes. Abandonnez le tabagisme antisocial, qui présente des risques avérés de cancer, et passez plutôt à la cocaïne ou à la marijuana, qui ne sont pas cancérigènes. Les ventes de drogue, qui dépassent actuellement de loin les ventes d'essence, pourraient bientôt dépasser les ventes de cigarettes.

Le "marché" de la cocaïne est encore relativement inexploité. Si plusieurs millions de personnes supplémentaires sont transformées en zombies toxicomanes, qu'en est-il, comme le dirait Bertrand Russell s'il était vivant aujourd'hui ? Lorsque Noriega a été arrêté par George Bush l'aîné et son armée de 7000 soldats américains, l'Union soviétique a été gagnante, grâce au partenariat et au Cuba de Castro. Elle a pu étendre son influence à travers l'Amérique latine. Un deuxième avantage de ce commerce est l'augmentation de la production de cocaïne et de marijuana qu'il rend possible. Les États-Unis en ont ressenti l'impact, car les drogues étaient désormais moins chères et de plus grandes quantités devenaient accessibles aux "nouveaux" consommateurs, qui ne devenaient pas nécessairement des toxicomanes, du moins c'est ce que l'on dit. En cela, les barons de la drogue ont été assurés du soutien total du *New York Times*, qui parle au nom des intérêts britanniques, et du *Washington Post*. Ces deux journaux ont publié ces dernières années un certain nombre d'articles en faveur de la légalisation de l'usage de la marijuana et de la cocaïne.

Le Sénat a déclaré la guerre au Panama tout comme il a déclaré la guerre à l'Afrique du Sud. Le patriotisme du peuple américain a été réveillé par les références à l'armée du Panama comme étant un danger pour la sécurité du canal. De Concini a été le pantin sans valeur de la droite qui a signé le document d'abandon, avec des "réserves", qui n'ont pas été acceptées par le Panama, pour lesquelles il a été promu comme un homme sage et prudent pour avoir exigé le codicille alors qu'il n'était et n'est rien d'autre qu'une forfaiture, qui a acté l'abandon du canal américain à Panama. La situation en Amérique centrale est devenue un danger pour les intérêts de la sécurité nationale américaine. Une "démocratie" de style philippin a été imposée au Panama. Afin d'obtenir le feu vert au traité sur le canal de Panama, le Sénat a déclaré que le général Noriega devait démissionner. S'il refusait d'obtempérer, il serait contraint de partir. Tel était le consensus de la délégation de six membres du personnel du Sénat, qui s'est rendue au Panama du 12 au 16 novembre 1987.

La délégation n'a pas mentionné la menace effrayante que représentent les narcotrafiquants et leur lien avec Cuba, sans parler de la menace que représente pour notre économie la fuite de dollars américains vers les banques panaméennes de blanchiment d'argent sale. Au nom de la démocratie, le contrôle du Panama a été arraché à Noriega et remis aux trafiquants de drogue internationaux et le Panama a été mis sens dessus dessous par le traité du canal. La menace d'envoyer l'armée américaine au Panama, si des "troubles" menacent la sécurité du canal, n'est pas explicitement mentionnée, mais elle est clairement implicite. C'est pour créer de tels désordres que le fauteur de troubles vétéran, John Maisto, a été déployé au Panama.

John Maisto

Qui est John Maisto ? Il était le numéro deux de l'ambassade des États-Unis au Panama au moment du "transfert" vers ce pays. Avant cela, il a été déployé en Corée du Sud, aux Philippines et en Haïti pour créer des troubles dans les rues et diriger des "manifestations" contre les autorités. Il a été très actif dans les rues du Panama, et c'est une honte que l'agent provocateur Maisto ait été autorisé à s'en tirer avec son comportement scandaleux. Le Sénat a délibérément et avec malice contribué à la détérioration des conditions au Panama en continuant à insister sur le fait que le "dictateur" Noriega était engagé dans des activités criminelles et que son refus d'accepter les droits de défense des États-Unis, sur lesquels repose le traité de Panama, mettait en danger l'ensemble du traité.

Les "droits de la défense" signifiaient en l'occurrence le stationnement de troupes américaines dans des zones où Maisto était à l'œuvre pour semer le trouble, une provocation délibérée, car l'armée est parfaitement consciente des dangers inhérents au stationnement de troupes dans des zones d'agitation civile. S'ils ont appris quelque chose de l'Irak, les militaires devraient savoir qu'il ne faut pas placer le personnel militaire américain au milieu d'une situation intenable et volatile.

Une autre contre-vérité qui doit être exposée est l'histoire selon laquelle le général Noriega recevait de l'aide de la Libye. Il s'agit d'une fabrication destinée à discréditer Noriega. Mes sources ont pris trois mois pour enquêter sur ces accusations et ont découvert qu'elles n'avaient aucune substance.

Le département d'État avait mené une campagne de désinformation avec l'aide de Ted Turner de CNN, de la même manière que la BBC avait mené sa campagne de désinformation contre le Shah d'Iran. Mais malgré tout cela, le bain de sang prévu pour le Panama par la campagne de désinformation et les activités scabreuses de John Maisto ne s'est pas produit. Le général Paredes, qui, comme nous l'avons déjà expliqué, était le porte-parole des barons de la cocaïne, de leurs banquiers et de leurs soutiens politiques, a ajouté sa voix au crescendo de la calomnie contre le général Noriega, prédisant de terribles conséquences pour le Panama si Noriega ne se retirait pas immédiatement. Le président Reagan, qui n'avait pas la moindre idée de qui étaient vraiment les "méchants", a fixé à Noriega la date limite d'avril 1988 pour quitter le pouvoir. Comme si le Panama faisait partie des États-Unis !

Noriega ne voulant pas s'exécuter, l'échéance est repoussée à la mi-mai. Selon une source de Washington, Reagan veut se débarrasser de Noriega à temps pour sa rencontre "au sommet" avec Gorbatchev. Norman Bailey intensifie ses demandes de dissolution de la Garde nationale du Panama, qui représente un "danger" pour toute la région.

S'adressant à un forum organisé à l'université George Washington de Washington D.C., M. Bailey a déclaré que

Noriega ne céderait que si le peuple panaméen descendait dans la rue, se faisait tirer dessus et se battait. À moins que les caméras de télévision ne soient sur place pour enregistrer de tels événements, ce serait un effort inutile. Il ne se passera rien au Panama, vous ne vous débarrasserez pas de Noriega et des institutions de la PDF si le peuple ne descend pas dans la rue, a déclaré Bailey. C'est pourquoi Maisto était au Panama, où il a mis en pratique son expérience de la mafia acquise en Corée du Sud, aux Philippines et en Haïti.

Ce que Maisto et Bailey voulaient, c'était un "Sharpeville" panaméen — l'émeute provoquée par le département d'État qui a balayé le township noir de Sharpeville en Afrique du Sud et qui a fait 70 morts parmi les émeutiers noirs — que les caméras étaient là pour enregistrer. Sharpeville est depuis lors une malédiction pour l'Afrique du Sud. La goutte d'eau qui fait déborder le vase de Noriega est l'acte d'accusation prononcé par un grand jury de Miami. Pour résumer ce qui s'était déjà passé au Panama :

Les forces de la drogue et leurs banquiers se sont associés à l'establishment politique de Washington pour se débarrasser du général Noriega et le remplacer par un régime fantoche dirigé depuis Washington. Quelles étaient les raisons de cette action ? Premièrement, Noriega faisait échouer le commerce lucratif et florissant de la cocaïne et de la marijuana au Panama et, deuxièmement, il refusait de coopérer avec le plan andin de Kissinger, qui visait à faire de l'Amérique centrale un champ de bataille de type vietnamien pour les forces américaines.

Ces éléments ont été considérés comme des raisons suffisantes pour mettre le Panama en état de siège. Quel a été le résultat ? Le général Noriega a refusé de continuer à se retirer. Des situations artificielles ont alors été mises en place, notamment des assemblées émeutières, des difficultés économiques et des troubles du travail, dans le but de rendre le Panama ingouvernable. C'est alors que l'armée américaine est intervenue, apparemment pour assurer la sécurité du canal, mais en fait pour enlever Noriega et l'emmener en Floride pour le juger. C'est ainsi que la politique étrangère des États-Unis pour le Panama a été menée. Sommes-nous une nation apte à gouverner l'Occident ? Je vous laisse tirer vos propres conclusions !

Le général Noriega était-il en quoi que ce soit responsable des troubles au Panama ? Était-il, d'une manière ou d'une autre, le trafiquant de drogue que le Grand Jury et le Sénat ont prétendu qu'il était ? Pourquoi le Panama fait-il l'objet d'une telle attention tout d'un coup, encore plus qu'à l'époque de la remise de notre canal au général "anticommuniste" Omar Torrijos ?

Quand on frappe quelqu'un au portefeuille, on peut être sûr que ça fait mal. Et c'est exactement ce que le général Noriega était coupable de faire. Il a frappé les barons de la drogue dans leur portefeuille. Il a coûté aux banques de blanchiment d'argent de la drogue sale une grande partie de leurs bénéfices mal acquis. Il a jeté le discrédit sur les banquiers. Il a bouleversé le statu quo ; il a donné du mordant aux lois bancaires du Panama. Plus encore, il s'est mis sur le chemin d'Henry Kissinger et a perturbé les ventes d'armes israéliennes en Amérique centrale. Il a piétiné les pieds de personnes puissantes. Il n'est pas étonnant que le général Noriega se soit vu attribuer le rôle du méchant. La présidence Carter a produit une explosion du commerce de la cocaïne. Dans les six mois qui ont suivi l'entrée de Carter à la Maison-Blanche, notre situation monétaire était en plein désarroi. La Réserve fédérale n'avait pas anticipé la ruée vers les dollars et il lui était difficile de répondre à la demande des banques de Floride. Le système monétaire était plongé dans le désordre. Six mois après l'arrivée de Jimmy Carter à la présidence, les banques de Floride rapportaient 514 milliards de dollars de recettes de cocaïne.

Carlos Ledher, du cartel de la drogue colombien, a trouvé un ami sympathique et bienveillant en la personne du Dr Peter Bourne, conseiller de Jimmy Carter à la Maison-Blanche pour les questions de drogue. Le groupe des Allman Brothers, gorgé de drogue, a été accueilli à la Maison-Blanche, malgré le fait qu'ils étaient des consommateurs de "coke". Ledher a cultivé sa "connexion Carter" et s'est sans doute réjoui lorsque Bourne a commencé à délivrer des ordonnances pour des drogues accoutumantes à ses amis et collègues — ce qui, soit dit en passant, lui a permis d'échapper aux sanctions appropriées.

Ces conditions de "boom" ont créé une merveilleuse opportunité pour les barons de la drogue, en particulier au Panama. Torrijos ne se soucie guère de ces événements. Prendre le contrôle de la zone du canal et construire une économie panaméenne viable était ce qui l'intéressait le plus. Si la cocaïne et la marijuana sont un moyen d'y parvenir, qu'il en soit ainsi ! Son attitude était "vivre et laisser vivre".

L'administration Carter a soutenu les demandes du FMI pour que l'Amérique latine cultive des "cultures de rente" (marijuana et cocaïne) afin de satisfaire aux obligations de sa dette internationale. Le FMI a officiellement encouragé plusieurs pays, dont la Jamaïque et la Guyane, à cultiver des cultures de rente liées à la drogue. La position du FMI est connue. John Holdson, un haut fonctionnaire de la Banque mondiale, a déclaré que l'industrie de la coca est très avantageuse pour les producteurs, et a ajouté : "De leur point de vue, ils ne pouvaient tout simplement pas trouver un meilleur produit." Le bureau colombien du FMI a déclaré très ouvertement qu'en ce qui concerne le FMI, la marijuana et la cocaïne ne sont que des cultures comme les autres qui apportent aux économies des pays d'Amérique latine les devises dont elles ont tant besoin ! La Banque mondiale et le FMI ne sont pas les seuls à avoir "approuvé" le commerce de la drogue.

La Midland and Marine Bank a été rachetée par la première banque de la drogue au monde, la Hong Kong and Shanghai Bank, avec l'autorisation expresse de l'ancien chef du département du Trésor, Paul Volcker, même s'il savait parfaitement que le but de ce rachat était de permettre à la Hongshang Bank de prendre pied dans le commerce lucratif de la cocaïne au Panama. En fait, l'acquisition de Midland par Hongshang était très irrégulière, à la limite d'un acte criminel. La Midland Marine Bank était remarquable pour une raison : elle servait de banque de compensation pour les banques de la drogue au Panama !

Ce n'est donc pas par hasard que la Hong Kong and Shanghai Bank s'en est emparée ! Nicolas Ardito Barletta faisait partie du conseil d'administration de la Midland Bank, tout comme Sol Linowitz. C'est drôle comme ces noms reviennent sans cesse ! Apparemment, Linowitz n'a pas pensé qu'il s'agissait d'un conflit d'intérêts, lorsque le moment est venu de "négocier" avec Torrijos.

Qu'en est-il de First Boston, qui lave jusqu'au cou de l'argent sale de la drogue en collaboration avec le Crédit Suisse ? La First Boston n'est pas n'importe quelle banque. Ses propriétaires d'origine étaient la vieille famille libérale de l'Est Perkins, liée à l'empire White Weld en Suisse. Incidemment, Perkins était l'agent de J.P. Morgan et diverses autres maisons britanniques opérant aux États-Unis. Le fait que les États-Unis d'Amérique se soient donné tant de mal pour se débarrasser d'un "dictateur" d'un petit pays devrait nous dire quelque chose. Cela devrait nous rendre curieux de découvrir ce qui se cache derrière l'effort concerté des banquiers, des politiciens et des chacals de la presse pour se débarrasser du général Noriega. J'espère qu'avec les informations que je vous ai fournies, vous serez maintenant en mesure de comprendre pourquoi le Panama est toujours assiégé !

Dès la première indication, en 1986/87, que quelque chose n'allait pas dans les plans des banquiers de la drogue d'utiliser le général Manuel Noriega comme leur instrument, les banques Rockefeller et Wall Street ont commencé à comploter pour le forcer à quitter le pouvoir. Cependant, lorsque toutes les tentatives ont échoué, des mesures plus radicales ont été envisagées. Il est clair qu'en 1988, Noriega était devenu un sérieux obstacle au commerce de la drogue au Panama. Nous allons maintenant examiner les mesures extraordinaires que Rockefeller a prises pour le destituer en raison de ses attaques contre la Banque ibéro-américaine de Panama, ainsi que les implications qui en ont découlé.

Pourquoi le président G.H.W. Bush a-t-il dû recourir à une action criminelle, à savoir l'invasion du Panama et l'enlèvement de son chef d'État ? De nombreuses raisons pour cette action véritablement illégale ont été avancées et nous allons en examiner quelques-unes. Si le peuple américain n'avait pas été plongé dans un brouillard permanent, l'invasion du Panama par l'armée américaine aurait provoqué un énorme tollé.

Noriega était-il au service de la Central Intelligence Agency ? Alfredo Duncan, l'agent de la DEA en charge au Panama, le croyait-il ? Si c'est le cas, cela pourrait aider à expliquer sa conduite étrange. Selon les rapports d'un agent secret de la DEA qui a démissionné de son poste, il pensait que Duncan avait "une relation exceptionnelle avec la CIA".

C'est également ce qui se disait autour de l'hôtel Marriott à Panama, connu par les trafiquants de drogue comme "un hôtel de la DEA". Le même agent s'est plaint de ne jamais pouvoir obtenir de Duncan "qu'il fasse quoi que ce soit" au sujet d'opérations anti-drogue prévues au Panama et pour lesquelles son aide était nécessaire. Lorsque l'ordre a été donné d'arrêter un homme appelé Remberto, une cheville ouvrière du blanchiment de l'argent de la drogue au Panama, Duncan n'a apparemment rien fait, et lorsqu'il a été interrogé sur sa négligence, il a déclaré que Remberto avait été emmené par la CIA avant qu'il ne puisse agir.

Plus tard, on a prétendu que Remberto avait des liens avec Noriega, mais aucune preuve n'a jamais été produite pour étayer cette affirmation. En 1986, Noriega a fermé la First Inter America Bank, lorsqu'il a été prouvé qu'elle était détenue par le cartel de Cali.

Qu'est-ce que le Cartel de Cali ? C'était probablement l'un des plus grands cartels de la drogue en Colombie, censé travailler avec les agences gouvernementales américaines contre le cartel de Medellín. Le *Washington Post* l'a admis. L'un des lobbyistes officiels de Cali était Michael Abbell, qui a été employé du ministère de la Justice pendant 17 ans. Les 28 et 29 octobre 1989, le président Bush et ses alliés ont tenu une réunion au sommet au Costa Rica, à laquelle ont participé des dirigeants politiques d'Amérique centrale et d'Amérique du Sud. Lors de la conférence de presse qui a suivi, le président Bush a déclaré aux journalistes : "Les jours de ce despote, le dictateur (Noriega), sont terminés".

Ceci a envoyé un signal à la presse que l'affaire "urgente" de Noriega avait maintenant été résolue par une consultation conjointe avec le Venezuela et le Nicaragua, entre autres, bien que Bush ait officiellement essayé de se distancer du président Daniel Ortega du Nicaragua. Peu importe les efforts déployés par le président Bush pour donner l'apparence d'un verdict unanime contre le dirigeant panaméen, le fait que la majorité du jury, la Bolivie, le Guatemala et la République dominicaine ne se soient même pas présentés au "procès", un fait qui aurait rendu Bush et son chef exécutif, James Baker III, furieux. Le président Carlos Salinas Gortari était censé avoir joué un rôle clé dans cette affaire de lynchage. Peut-être Gortari a-t-il décidé que la discrétion était la meilleure partie du courage, après avoir évité de justesse un important scandale de drogue dans lequel l'un de ses principaux généraux a été sauvé de l'arrestation dans un trafic de drogue grâce à un appel téléphonique d'avertissement de l'Attorney General de l'époque, Edwin Meese, sur ce qui allait se passer. Le président vénézuélien Carlos Andreas Perez, sans être lui-même un chevalier blanc, est celui dont les sources de renseignement ont dit qu'il y aurait un coup d'État contre Noriega sous couvert d'une "force conjointe" le 3 octobre 1989, mais cette tentative a échoué. Tout comme la tentative de faire pression sur les nations d'Amérique latine pour qu'elles rompent leurs relations diplomatiques avec le Panama. Le président Bush a dit aux chefs d'État qu'ils avaient intérêt à soutenir son projet de confrontation avec Noriega, sinon… Mais la conférence s'est terminée sans qu'aucun accord définitif n'ait été trouvé.

Cela montre bien à quel point Bush craignait Noriega et à quel point son gouvernement était prêt à s'abaisser pour arriver à ses fins. Bush a rencontré les "forces d'opposition" panaméennes, la soi-disant Alliance civique de l'opposition démocratique panaméenne, qui se composait de personnalités publiques bien connues pour avoir des liens avec des banques au Panama et en Floride qui blanchissent l'argent de la drogue. Son leader, Guillermo Endara, est passé à la télévision et a appelé ouvertement à l'assassinat de Noriega.

À son retour au Panama, Endara nie avoir jamais appelé à une telle action. Noriega a ensuite contré les comploteurs du Costa Rica en obtenant du président Rodriguez qu'il envoie une lettre ouverte aux présidents d'Amérique latine, qui contenait une copie de l'offre faite aux Nations unies de faire du Panama le siège d'une force multinationale de lutte contre la drogue, un fait que le président Bush n'avait pas réussi à mettre en évidence.

La lettre du 3 octobre 1989 adressée à l'ONU demandait qu'une telle force soit établie au moyen d'un traité international qui lui garantirait une autorité totale au Panama, mais il n'y a eu aucune réponse de la part de l'administration Bush ou de l'ONU. La lettre a également réprimandé le Venezuela et d'autres "partenaires de Bush" pour avoir appelé à la "démocratie" au Panama, sans jamais mentionner le boycott illégal et pernicieux mis en place par le président Bush sans raison valable ou valide. Tout au long des mois d'octobre et de novembre 1989, les forces américaines au Panama ont harcelé les forces de défense panaméennes, dans l'espoir de créer un incident qui justifierait une intervention militaire américaine, mais la PDF n'a rien fait. Il a été montré plus tard (mai 1989) que l'administration Bush a changé les règles d'engagement pour les forces américaines au Panama.

Désormais, les militaires ont reçu l'ordre de tout faire pour rechercher des confrontations avec les PDF. Le Pentagone se préparait secrètement à provoquer les soldats de Noriega en faisant passer des convois dans les faubourgs de Panama City, ce qui était en contradiction avec le traité avec le Panama. Le principe sous-jacent était que Noriega se mettrait en colère et ordonnerait aux PDF d'affronter les convois américains, ce qui ouvrirait la voie à un conflit majeur.

Intervention des États-Unis

Le 8 juillet 1989, le général Cisneros, commandant de l'armée américaine du Sud au Panama, a balayé les tentatives de l'Organisation des États américains (OEA) de négocier et de régler la crise. Le général Cisneros a déclaré que l'OEA

> "... n'agirait pas assez fermement pour déloger Noriega. En ce qui me concerne, je crois que c'est le moment d'une intervention militaire au Panama."

Depuis quand l'armée américaine se prononce-t-elle sur des questions politiques ? Cette action était en quelque sorte un test de ce que Bush avait en tête pour l'Irak. Le 20 décembre 1989, après que toutes les autres méthodes aient échoué à déloger le populaire Noriega, Bush a donné le feu vert à un acte d'agression violente contre le peuple panaméen, entraînant la mort de 7000 Panaméens et la destruction de toute la région de Chorrillo par un bombardement soutenu des troupes et des avions américains. Cette action, menée par l'armée américaine, était un acte d'agression ouverte contre une nation en paix, et était en violation flagrante de la Constitution des États-Unis et des Conventions de La Haye et de Genève dont les États-Unis sont signataires.

Examinons les véritables raisons pour lesquelles le président Bush, sans avoir obtenu au préalable une déclaration de guerre du Congrès, est entré en guerre contre la petite nation du Panama et, à la manière d'un desperado, a ordonné l'enlèvement du chef de l'État ? Pourquoi le président Bush a-t-il dû recourir à des moyens aussi désespérés pour se débarrasser de Noriega ? Pourquoi Bush a-t-il eu recours à de telles tactiques de gangster ? Selon certains rapports, l'une des principales raisons était d'avertir les nations d'Amérique latine que dorénavant, si elles ne se pliaient pas à la volonté de Washington, elles seraient elles aussi menacées d'une action militaire américaine.

Il n'y a aucune raison de croire que la campagne de propagande massive entourant l'action militaire illégale des États-Unis contre le Panama et Noriega, dont le président voulait faire croire au monde qu'elle mettrait fin au trafic de drogue au Panama, et qu'il avait accusé Noriega de diriger, a réussi, ne serait-ce que partiellement. Il n'existe aucun précédent dans la Constitution américaine ou le droit international qui aurait permis une attaque non provoquée contre le Panama.

Quelle preuve substantielle le président Bush a-t-il fournie pour étayer ses accusations ? Pas une seule preuve n'a été offerte. Nous étions simplement censés croire le président sur parole. Quels étaient alors les objectifs de l'invasion ? Le premier objectif était de détruire la force de défense panaméenne, la seule force capable de maintenir la loi et l'ordre dans le pays. Cet objectif étant atteint, l'étape suivante consistait à installer, par les moyens les plus antidémocratiques possibles, un régime fantoche composé de personnes ayant les liens les plus étroits avec les banques de blanchiment d'argent de la drogue, et de partisans connus de longue date de la famille Bush.

La destruction de la PDF avait un autre objectif, secondaire, qui concernait les traités du canal de Panama, aux termes desquels les États-Unis et le Panama devaient assurer conjointement la défense du canal. Cet engagement devait être supprimé en 1999, date à laquelle les PDF seraient suffisamment fortes pour assumer l'entière responsabilité du maintien de l'ordre dans le canal et les forces militaires américaines seraient obligées de quitter le pays. Une disposition clé des traités stipulait que, dans le cas où le Panama ne respecterait pas ses obligations en fournissant une telle force de sécurité, une "présence militaire américaine serait maintenue". Cette disposition était considérée comme une "bonne" disposition lorsqu'elle a été insérée par Sol Linowitz, qui a rédigé les traités. Elle était là pour empêcher tout futur dirigeant panaméen de "sortir du rang", bien qu'aucun problème n'ait été envisagé avec Omar Torrijos.

Lorsque Torrijos a commencé à revenir sur ses accords personnels avec David Rockefeller pour protéger les banques de blanchiment d'argent de la drogue, il n'était pas possible à ce stade de détruire le PDF, bien que de nombreuses tentatives aient été faites pour déclencher une révolte qui diviserait le corps, mais toutes ont échoué. Torrijos a donc été "liquidé" à la manière de la CIA. La "liquidation" est devenue le langage de la CIA après le mandat d'Alan Dulles à sa tête. Avant cette période, le mot n'était jamais utilisé par aucune agence de renseignement américaine. C'était un mot strictement stalinien.

Pourquoi serait-il souhaitable de maintenir les forces américaines au Panama sur une base permanente ? L'avènement de la guerre du Golfe et la deuxième invasion de l'Irak par les forces américaines fournissent la clé. Les États-Unis voulaient stationner une force de déploiement rapide au Panama pour l'utiliser contre les nations récalcitrantes d'Amérique latine et des Caraïbes, de la même manière qu'une force de déploiement rapide sera stationnée en permanence en Irak pour traiter avec les pays musulmans qui pourraient souhaiter ne jamais avoir été amis avec les États-Unis.

C'est la soi-disant "doctrine de projection hémisphérique" établie par les planificateurs du Pentagone. Nous verrons des bases permanentes similaires dans de nombreuses régions du monde, notamment au Pakistan, en Corée du Sud, en Somalie, en Iran et en Afghanistan, au fur et à mesure que les États-Unis s'assoupliront dans leur rôle d'exécuteur du "gros bâton" pour l'exécuteur mondial que nous avons appris à connaître sous le nom de Nouvel Ordre Mondial. Pourtant, jusqu'à présent, pas une seule voix de protestation ne s'est élevée contre cela au Sénat. Je pourrais ajouter, sans modestie, que ces événements ont été prédits dans mon livre, *One World Order, Socialist Dictatorship*.[4]

Le Panama est devenu important en tant que base pour les opérations américaines contre les nations latino-américaines, qui, à un moment donné dans le futur, pourraient se rebeller contre le collecteur de tribut, le FMI, car ils voient leurs peuples et leurs nations disparaître dans la fange créée par les changeurs de monnaie internationaux. Il est clair qu'une action immédiate serait requise de la part de la "force de police internationale" du FMI, les États-Unis d'Amérique, en cas de tentative d'un pays quelconque de chasser le FMI. Ainsi, les bases de Fort Clayton

---

[4] *La dictature de l'Ordre Mondial socialiste*, Omnia Veritas Ltd, www.omnia-veritas.com.

ont pris une nouvelle importance. L'Amérique latine a été intimidée et effrayée par le caractère impitoyable des actions militaires américaines au Panama. Pour être franc, les dirigeants de ces nations ne s'y attendaient pas, et quand elle est arrivée, sa férocité les a effrayés, ce qui était exactement ce qu'elle était censée faire.

De toute évidence, la majorité des dirigeants latino-américains pensaient que l'Ordre des Skulls and Bones était une sorte d'organisation bienveillante, "comme les Shriners", qui permettrait de créer "une Amérique plus douce et plus gentille", comme l'a dit un fonctionnaire.

Ils étaient loin de se douter de l'implication de la Couronne britannique dans les activités des USA ni de ses liens de longue date avec le commerce de la drogue. À l'appui de ces informations, Endara, installé par la force et de manière non démocratique, a proposé qu'après l'an 2000, toutes les bases du Panama soient mises à la disposition de l'armée américaine.

Le deuxième objectif de l'invasion du Panama par Bush était d'installer un nouveau gouvernement composé de larbins sélectionnés ayant des antécédents d'alliances de longue date avec des banques, dont les activités principales consistaient à blanchir l'argent de la drogue pour certains des cartels de cocaïne les plus importants. En cela, Bush avait pour mission de protéger les intérêts des banques Rockefeller au Panama, que le général Noriega avait commencé à éventrer et à menacer de démolir. En effet, cet objectif de Bush a été atteint.

Le troisième objectif de l'invasion du Panama était de faire croire au peuple américain qu'il s'agissait d'une escalade majeure de la guerre du président contre la drogue, cette action mythique et inexistante qui ne mène jamais nulle part. En envahissant le Panama, Bush savait que sa "guerre contre la drogue" recevrait un grand coup de pouce, en particulier au Capitole, où les législateurs s'irritaient de l'absence de progrès et subissaient une pression constante pour légaliser les drogues. La phase suivante consisterait à organiser une "guerre contre le terrorisme", qui aurait une portée mondiale et serait d'une durée indéterminée.

En février 1990, des choses très étranges ont commencé à se produire. Les médias américains, toujours fervents défenseurs de Bush et de son régime autocratique, ont commencé à émettre des sons inhabituels. Prenez par exemple le rapport contenu dans le *New York Times* du 7 février. Même en tenant compte du fait que le journal est un avant-poste des services secrets britanniques avec des responsables américains à sa tête, il n'est pas logique que le journal ait publié la vérité.

En se référant à des articles antérieurs, il est remarquable de constater que le *New York Times* (NYT) a nommé les personnes mêmes que je critiquais pour leur trop grande proximité avec les banques corrompues qui blanchissent l'argent de la drogue. Sous le titre "Le Panama résiste à la pression des États-Unis pour modifier les lois bancaires inadéquates", l'article déclare :

> *Un examen approfondi des dossiers bancaires et des documents judiciaires panaméens montre que de nombreux hauts dirigeants du gouvernement (mis en place par les États-Unis), bien qu'ils n'aient jamais été accusés de blanchiment d'argent, ont des liens étroits avec des banques corrompues. Plusieurs de ces banques ont été inculpées pour blanchiment d'argent ou ont été fermées en raison de la pression exercée par les États-Unis.*

L'article ne disait pas que c'était une action de Noriega, qui avait fermé ces banques et que les États-Unis n'avaient pas soutenu Noriega. En examinant tous les faits, les pièces du puzzle ont commencé à se mettre en place. Bien sûr, le *New York Times* essayait de montrer que les États-Unis avaient été l'instigateur des fermetures de banques, alors que ce n'était pas du tout le cas, et de plus, en rejetant la faute sur la "résistance" aux changements émanant prétendument de Washington, on pouvait faire croire que les États-Unis menaient réellement une guerre contre la drogue, mais que le nouveau gouvernement ne coopérait pas, ce qui, le lecteur doit en convenir, était un stratagème assez habile.

L'article poursuit :

> *Le président Guillermo Endara a été pendant des années directeur d'une banque panaméenne largement utilisée par le cartel colombien de Medellín.*

Il a été gratifiant pour moi d'obtenir la confirmation des informations données de nombreuses années auparavant dans mes monographies sur le Panama, même d'une source aussi inattendue. La Banco Interoceanico de Panama, l'une des deux douzaines de banques panaméennes désignées par le FBI comme des blanchisseurs d'argent de la drogue, est la banque à laquelle le *New York Times* faisait référence. Il a poursuivi en disant :

> *M. Endara, qui était avocat d'affaires avant de devenir président, est un ami proche de Carlos Eleta, un homme d'affaires panaméen qui a été arrêté à Atlanta en avril (1989), accusé d'avoir conspiré pour mettre en place un important réseau de contrebande de cocaïne. Libéré sous caution, il attend maintenant son procès.*

Bien sûr, le *New York Times* n'est pas allé jusqu'au bout, mais ce qu'il n'a pas dit peut être trouvé ici, à savoir que ce n'était pas seulement Endara qui était jusqu'au cou dans les affaires bancaires de blanchiment d'argent, mais aussi ses amis très favorisés par l'administration Bush.

Parmi les autres membres éminents du "cabinet de Panama" de l'administration Bush figurent les personnes suivantes :

Rogelio Cruz

Cruz est procureur général du Panama. Il était auparavant directeur de la First Inter American Development Bank. Cette banque appartenait à Gilberto Rodriguez Orejuela, un homme haut placé dans le cartel de Cali en Colombie, dont j'ai déjà parlé.

Guillermo Billy Ford

Il est le second vice-président et président de la commission bancaire. Il se trouve aussi qu'il est copropriétaire de la Bank of Dadeland, qui a été spécifiquement désignée dans mes monographies comme une banque de blanchiment d'argent de la drogue. La banque était également le centre de compensation de l'argent de la drogue pour Gonzalo Mores, principal blanchisseur du cartel de Medellín.

Ricardo Calderon

Calderon est le premier vice-président du Panama, et les dossiers montrent que sa famille était fortement impliquée dans des banques suspectes.

Mario Galindo

Galindo et sa famille, comme Calderon, étaient impliqués dans des banques soupçonnées de blanchir l'argent de la drogue, dont la Banco del Istmos, dont le président, Samuel Lews Galindo, était apparenté à Mario Galindo.

Tous ces éléments étaient bien connus d'Ivan Robles, qui travaillait à la Dadeland Bank, et d'Antonio Fernandez, qui faisait entrer clandestinement des tonnes de marijuana aux États-Unis. En 1976, le réseau Fernandez a commencé à acheter des actions de la Dadeland Bank, dont Ford, Eisenmann et Rodriguez étaient copropriétaires. Le président Bush a chaleureusement accueilli Rodriguez comme l'envoyé de "porky" Endara aux États-Unis. En plaçant ces hommes dans des rôles de premier plan au sein du gouvernement panaméen, l'administration Bush semblait avoir atteint son deuxième objectif, à savoir faciliter, et non rendre plus difficile, le commerce de la drogue au Panama, ce qui, comme je l'ai dit précédemment, était le deuxième objectif de l'invasion du Panama.

Après les appels à l'abrogation des lois sur le secret au Panama, pour défendre sa position, Ford a déclaré qu'il n'y avait pas besoin de changer la loi : "Le secret ne sera pas utilisé à des fins illégales." D'autres, comme le contrôleur, ont déclaré que le Panama n'allait changer aucune loi.

> "Nous ne devons pas changer tout notre système juridique à cause de la drogue. Nous ne pouvons pas changer tout notre système juridique à cause d'une seule chose, la drogue",

a déclaré Ruben Diaro Carlos. Personne n'a osé mentionner que c'était justement ce que Noriega avait fait, et la raison principale pour laquelle il avait dû être renvoyé par la force.

Le 31 décembre 1989, le prestigieux journal brésilien *Jornal do Brasil*, le plus grand quotidien du pays, publiait en première page un article intitulé "Relations dangereuses avec les trafiquants de drogue", dans lequel il mentionnait les noms de certains des membres du "cercle intérieur" du gouvernement Bush au Panama. Ce sont ces hommes qui ont déclaré avant le verdict du procès Noriega à Miami :

> "... Si le général Noriega est acquitté à Miami, on l'accusera de meurtre".

J'ai traduit l'article, qui disait en substance que Guillermo Endara serait particulièrement vulnérable en raison de ses liens avec Carlos Eleta, "accusé d'avoir blanchi 600 kilos de cocaïne et d'avoir blanchi l'argent de la drogue aux États-Unis." L'article mentionnait également le nom du frère du vice-président Calderon, Jaime Calderon, qui avait des liens avec la First Inter Americas Bank, propriété de Gilberto Orejula, accusé en 1985 d'avoir transféré 46 millions de dollars, le produit de la vente de drogue, à la succursale de Banco Cafetero Panama à New York. Selon l'article, Billy Ford était impliqué avec l'ambassadeur à Washington, Carlos Rodriguez, et Bobby Eisenmann dans le blanchiment de fonds de la drogue par le biais de la Dadeland National Bank de Floride.

Dans un sous-titre, Guillermo Endara est décrit comme "Un misérable péon dans le jeu de l'Américain". L'article dit : "Endara est appelé Pan Dulce (ris de veau), gras et mou." L'article poursuit en disant qu'Endara fait partie des familles pauvres de l'oligarchie blanche, présentes sur la scène depuis 1904 :

> Endara a commencé sa vie politique comme un obscur avocat à Panama City dans le cabinet de Galileo Soliz, un ministre des affaires étrangères dans l'un des gouvernements d'Anulfo Arias... Endara n'a jamais eu d'idées propres, il était fidèle comme un chiot et répétait ce que disait Arias, ce qui est probablement la raison pour laquelle Bush l'a choisi pour être son "yes man".

Était-ce le genre d'hommes que Bush voulait voir aux commandes du Panama ? Apparemment oui, et pourtant, alors qu'il y a beaucoup de raisons de pointer le doigt vers le "gouvernement Bush" au Panama, pas un seul élément n'a été présenté au tribunal pour impliquer Manuel Noriega. Un grand jury américain n'aurait-il pas dû enquêter sur cette affaire il y a longtemps ? Est-ce l'une des raisons pour lesquelles Noriega a été détenu au secret pendant si longtemps ? Le ministère de la Justice avait-il peur de ce que Noriega aurait pu dire à la barre des témoins ?

L'évolution de la situation au Panama montre à quel point la guerre contre la drogue menée par Bush était bidon. Il n'y a pas beaucoup de gens qui ne le croient pas, et bien sûr, c'est le plus grand avantage que les partisans de la légalisation des drogues ont pour eux. Leur attitude est la suivante : "Regardez, même les vastes ressources des États-Unis ne sont pas suffisantes pour arrêter le commerce de la drogue. Pourquoi essayer de combattre l'inévitable ? Pourquoi ne pas faire des lois qui centraliseront le contrôle et retireront les drogues des mains des éléments criminels ?" Il y a ceux qui font pression sur le Congrès et qui menacent de guerre civile si cela n'est pas fait rapidement. La projection constante aux informations nocturnes de "brutalités policières" prétendument dirigées contre principalement les pauvres dans les grandes villes américaines a l'effet désiré. Il ne faut pas s'imaginer que ces reportages sont des "nouvelles". Le but et l'objectif des principales chaînes d'information pendant cette période étaient de faire comprendre aux pauvres qu'ils étaient victimes de brutalités policières alors que les "grands", généralement des Blancs, s'en tiraient à bon compte. Les leaders noirs exigeaient que l'on retire la "pression" sur la population noire ou qu'on légalise les drogues.

L'invasion du Panama a donné au lobby de la drogue une base sur laquelle s'appuyer. "Si cela n'a pas arrêté le flux de drogues, comment la police est-elle censée s'en sortir ?", ont-ils demandé. L'un des leaders pro-drogue, Andrew Weill, a déclaré lors d'une conférence de la Drug Policy Foundation qu'en raison de la brutalité policière à l'encontre des Noirs urbains lors des raids anti-drogue, une guerre civile pourrait éclater à tout moment. Ira Glasser, directeur exécutif de l'American Civil Liberties Union, a déclaré à un auditoire que la légalisation des drogues était devenue une question de droite, soutenue par des notables tels que George Schultz, William F. Buckley et Milton Friedman. Glasser a exhorté la nation à "dépasser les aspects négatifs et à commencer à convaincre la police, les législateurs et le public" à l'idée de légaliser les drogues.

Kevin Zeese, vice-président et avocat général de la Drug Policy Foundation, a déclaré :

> La guerre contre la drogue est plus nuisible que la drogue. C'est à peu près ce à quoi se résume l'équilibre. La guerre contre la drogue est-elle plus dangereuse pour notre société que ne le sont les drogues ? Pouvons-nous traiter le problème de la drogue d'une manière moins coûteuse pour notre société — pas seulement en termes économiques, mais aussi en termes humains ?

Zeese a poursuivi en disant que l'héroïne était un moyen d'échapper à la souffrance, ce que, bien que n'étant pas partisan, il pouvait comprendre. Maintenant que le général Noriega, qui a été kidnappé, croupit dans une prison fédérale à Miami, que compte faire de lui le ministère de la Justice de Bush ?

L'une des choses qui me laissent perplexe est le silence assourdissant des organisations de défense des libertés civiles de ce pays et du monde entier quant aux crimes commis contre lui par le gouvernement américain. On pourrait imaginer que l'enlèvement d'un chef d'État susciterait des rugissements de protestation de la part de ces chiens de garde de la liberté. Pourtant, rien de tel ne s'est produit. Imaginez ce qui se serait passé si Nelson Mandela avait été enlevé en Afrique du Sud et emmené, disons, en Italie pour y être jugé. Il y aurait eu une clameur et un tumulte sans fin jusqu'à ce que Mandela soit libéré. L'enlèvement et l'incarcération illégale de Noriega mettent en évidence le fait que nous avons deux poids, deux mesures déplorables dans ce pays, que, apparemment, le peuple américain ne trouve pas si mauvais, ou est-ce parce qu'il a subi un lavage de cerveau par la presse ?

Pourquoi le procès du général Noriega a-t-il été retardé si longtemps ? Après tout, toutes les violations possibles de ses droits avaient déjà été commises, comme la surveillance des conversations téléphoniques avec son avocat et le gel de ses fonds pour qu'il soit obligé d'accepter un avocat commis d'office. En outre, les États-Unis exerçant un contrôle total et sans entrave sur le Panama, on pourrait imaginer que le ministère de la Justice disposait des preuves documentaires nécessaires pour le poursuivre avec succès. Pourquoi ce long et inconvenant retard ? La justice retardée n'est-elle pas la justice refusée ?

Le 16 novembre 1990, Noriega a fait une déclaration au juge William Hoevler, qui mérite d'être répétée, car elle montre à quel point la justice a été prostituée dans l'affaire Noriega :

> "Je suis maintenant à la merci d'un système totalement injuste et inéquitable, qui choisit mes procureurs, et qui choisit maintenant mon avocat de la défense. Lorsque j'ai été amené aux États-Unis, j'ai cru à tort que je pourrais bénéficier d'un procès équitable. Pour que cela se réalise, je croyais également que je pourrais utiliser mon argent pour engager les avocats de mon choix. Il est douloureusement évident que le gouvernement des États-Unis ne souhaite pas que je puisse me défendre et a fait tout son possible pour me priver d'un procès équitable et d'une procédure régulière.

> Ils ont pris mon argent, m'ont privé de mes avocats, m'ont filmé dans ma cellule, ont mis sur écoute mes conversations téléphoniques avec mes avocats et les ont même données au gouvernement d'Endara et à la presse. Le gouvernement des États-Unis a ignoré mon statut de prisonnier de guerre et a violé la Convention de Genève.

> Le pire, c'est qu'ils n'ont pas agi de manière humanitaire. Malgré les demandes répétées de la Croix-Rouge internationale, ils ont violé mes droits humains en refusant à ma femme et à mes enfants des visas pour rendre visite à leur mari et à leur père, ce qui constitue une violation honteuse du droit international.

> Il est évident que c'est dans l'intérêt du gouvernement des États-Unis que je ne puisse pas me défendre, car ce qu'ils craignent, je le sais. Il ne s'agit pas d'une affaire de drogue. Je réalise que cette affaire a des implications dans les plus hauts niveaux du gouvernement des États-Unis, y compris la Maison-Blanche.

> Je ne me suis jamais fait d'illusions sur le fait que cette affaire

allait se dérouler dans des conditions équitables, mais je ne m'attendais pas non plus à ce qu'une armée virtuelle de procureurs et d'enquêteurs se retrouve sur un champ de bataille aussi inégal et ne soit autorisée qu'à des avocats qui ne reçoivent aucune rémunération et qui n'ont droit qu'à des pistolets alors que le bureau du procureur dispose d'armes nucléaires. Ils appellent cela un combat équitable ; la bataille qui nous attend est très semblable à celle que les États-Unis ont menée lorsqu'ils ont envahi mon pays. C'était unilatéral et injuste, et cette bataille l'est aussi."

La situation dans laquelle se trouvait Noriega était la situation dans laquelle chaque Américain pourrait un jour être confronté à un gouvernement corrompu et brutalisé. La situation critique de Noriega a tourné en dérision le 4 juillet. Elle tourne en dérision la Constitution des États-Unis. En attendant, on n'entend pas une seule voix pour défendre Noriega, et pour moi, c'est l'une des choses les plus honteuses dans une situation honteuse. Ce n'est pas une situation qui peut être ignorée, car ce qui est arrivé à Noriega relève de la responsabilité de chaque Américain. Ce qui a été largement ignoré par les médias, c'est le fait qu'en envahissant le Panama et en enlevant le général Noriega, les États-Unis ont violé non seulement la Constitution américaine, mais aussi la charte de l'Organisation des États américains (OEA) dont ils sont signataires, notamment les articles 18, 15, 20 et 51.

L'article 18 stipule :

> Aucun État ou groupe d'États n'a le droit d'intervenir, directement ou indirectement, pour quelque raison que ce soit, dans les affaires intérieures ou extérieures d'un autre État.

L'article 20 stipule :

> Le territoire d'un État est inviolable ; il ne peut faire l'objet, même temporairement, d'une occupation militaire ou d'autres mesures de force prises par un autre État.

J'ai évoqué précédemment le fait que Bush n'a pas obtenu de déclaration de guerre du Congrès avant d'envahir le Panama. Au lieu de cela, Bush a choisi de contourner la Constitution en informant le Congrès qu'il invoquait la loi sur les urgences nationales, en raison d'un état d'urgence national causé par

> "une menace inhabituelle et extraordinaire pour la sécurité nationale et la politique étrangère des États-Unis posée par la République du Panama".

Cette prétendue loi est une farce totale, une "tabula raza", un bout de papier sans valeur destiné uniquement à subvertir la Constitution des États-Unis.

Le président a menti au public américain lorsqu'il a déclaré, le 20 décembre 1989 :

> "Vendredi dernier, le général Noriega a déclaré que sa dictature militaire était en état de guerre avec les États-Unis."

En fait, il n'y avait pas une seule preuve pour soutenir une telle accusation absurde.

En bref, c'était un mensonge flagrant. Nonobstant tout ce que le président a fait ou dit, il n'a pas réussi à obtenir une déclaration de guerre contre le Panama, ce qu'il allait répéter en envoyant cette nation en guerre contre l'Irak, et qui verra probablement le début de la mort de la Constitution des États-Unis.

Un autre mensonge du président a été son affirmation du 20 décembre selon laquelle

> "les menaces et les attaques irréfléchies du général Noriega contre les Américains au Panama ont créé un danger imminent pour les 35 000 citoyens américains au Panama."

La vérité est qu'il n'y a eu qu'une seule attaque contre des militaires américains, qui a résulté du plan de confrontation délibéré ordonné par le général Cisneros. Cette seule tragédie s'est produite lorsque trois marines américains ont traversé en voiture trois points de contrôle différents de la PDF. Après avoir été arrêtés au quatrième, il y a eu une altercation entre la PDF et les marines qui n'étaient pas en uniforme.

Les marines ont ensuite pris la fuite et, après avoir été sommés à plusieurs reprises de s'arrêter, des coups de feu ont été tirés, dont l'un s'est avéré fatal. Le président Bush est à blâmer pour la mort de ce soldat. Sur cette seule tragédie, Bush a fondé son affirmation absurde selon laquelle le général Noriega avait déclaré la guerre aux États-Unis et "menaçait l'intégrité des traités du canal de Panama". Ce que le secrétaire Cheney a dit au public américain, c'est que l'administration Bush avait des plans d'invasion prêts dès mars 1989.

Le secrétaire Cheney lui-même tend à le confirmer lorsqu'il a déclaré le 20 décembre :

> "L'ordre a été donné tard dimanche pour mettre en œuvre le plan qui existait depuis un certain temps. C'est l'un des premiers points sur lesquels j'ai été informé lorsque je suis devenu secrétaire à la défense au printemps dernier."

Cheney était un fauteur de troubles invétéré, un maître de la tromperie, et les États-Unis sont destinés à perdre une grande partie de leur trésor et de leurs fils à cause de la duplicité de cet homme. Il devrait être interdit d'exercer toute fonction publique à l'avenir. Un autre mensonge de l'administration a été l'annonce faite par Marlin Fitzwater, parlant au nom du président le 20 décembre 1989. Fitzwater a déclaré à la nation que "l'intégrité des traités du canal de Panama est en danger". À la même date, James Baker III a déclaré à la presse que l'un des objectifs de l'invasion américaine était de "défendre l'intégrité des droits des États-Unis en vertu de l'article IV des traités du canal de Panama". Mais lorsqu'on lui a demandé d'énumérer exactement quelles menaces avaient été proférées par Noriega contre l'intégrité des traités, Baker a été incapable d'en donner une seule. Sa réponse a été la suivante :

> "Eh bien, c'est très spéculatif, si ce n'est que — je veux dire, permettez-moi simplement de dire avec respect que nous avons déjà dit que nous prévoyions qu'il pourrait y avoir des problèmes en ce qui concerne le Canal si Noriega continuait à conserver le pouvoir de manière illégitime. En ce qui concerne les défis à l'intégrité de nos droits au cours des deux ou trois dernières années, je me référerais simplement à la — au cours de la dernière année — peut-être devrais-je revenir en arrière, mais, au cours de la dernière année, je vous renvoie à la tendance continue de harcèlement que nous avons vu là-bas contre les

Américains dans l'exercice de nos droits de traité."

Cette "preuve" maladroite, trébuchante et concoctée à la hâte, selon laquelle Noriega avait menacé les droits du canal américain, est la meilleure que Baker ait pu trouver. Quel piètre menteur s'est-il avéré être. Pourtant, sur la base de preuves totalement infondées et non soutenues, produites par le Président Bush, le Secrétaire Cheney et le Secrétaire Baker, cette nation a commis une invasion grossièrement illégale d'un État souverain avec lequel elle avait un traité, et a violé le droit international et constitutionnel.

En enlevant le général Noriega, notre gouvernement s'est abaissé au niveau des pirates de la côte de Barbarie et, ce faisant, a piétiné la Constitution américaine et le droit international. Que cela nous plaise ou non, que ces mots nous semblent durs et moralisateurs, les faits sont les faits et ne peuvent être niés. En tant que nation, nous sommes tous également responsables, avec le président Bush, de la conduite anarchique de son administration, car nous sommes restés là et avons permis que cela se produise sans même un gémissement de protestation.

Le président Bush a déclaré sur les ondes aux Américains que l'une des raisons pour lesquelles il a ordonné l'invasion du Panama était "de défendre la démocratie".

Bien qu'aucun d'entre nous ne s'en soit rendu compte, cela allait être l'une des excuses pour entrer en guerre contre l'Irak. Il fallait sauver la démocratie en Irak, sans tenir compte du fait qu'il n'y en avait jamais eu le moindre soupçon dans cette dictature auparavant. D'ailleurs, les États-Unis ne sont pas une démocratie, mais une République. Nous ne sommes pas non plus les gendarmes du monde.

Nous ne sommes plus une nation de lois depuis notre guerre de génocide contre l'Irak ! La démocratie était vivante et fonctionnait au Panama. Malgré deux années d'ingérence grossière, souvent grossière et flagrante dans les affaires intérieures du Panama, en violation flagrante du traité de l'OEA dont les États-Unis sont signataires, et malgré au moins deux tentatives criminelles d'assassinat du général Noriega en mai 1989, des élections nationales ont eu lieu.

Quelle a été la réaction du président Bush ? Fortement soutenue par les chacals des médias, l'administration Bush a dépensé plus de 11 millions de dollars pour soutenir la plate-forme de l'opposition, fortement contaminée par la drogue, d'Endara, Billy Ford et Calderon.

S'appuyant sur l'expérience qu'il avait acquise lors des élections philippines auxquelles toutes les branches du gouvernement américain, y compris nos services de renseignement, avaient participé, Bush a ordonné le déploiement du "scénario Marcos" contre le peuple du Panama. Le gang Endara, financé par Bush, a déclenché une vague de troubles, a volé les urnes pour que les votes ne puissent pas être comptés, tout en criant haut et fort que les votes avaient été "trafiqués". C'était une répétition étrange des élections aux Philippines, avec des "observateurs internationaux" payés par des prostituées et le corps habituel des chacals des médias, tous hurlant leur soutien à ces mensonges et un présage sinistre des événements à venir aux États-Unis eux-mêmes.

Au milieu du chaos créé par Bush et dans l'impossibilité de compter les votes, le gouvernement panaméen a fait ce que tout autre gouvernement aurait fait, il a annulé les élections. Il n'aurait pu faire autrement, compte tenu des opérations massives et omniprésentes de sabotage menées par l'administration Bush. En tout cas, c'est ce que Bush espérait voir se produire. Même à cette époque, le gouvernement panaméen était soucieux de prouver au monde qu'il essayait de faire ce qu'il fallait. Il a offert au gang d'opposition Endara, contaminé par la drogue, la possibilité de participer à un gouvernement de coalition.

Sur les conseils de Washington, cette offre généreuse a été rejetée par le "pauvre péon blanc" Endara. Comme nous avons pu le constater lors des "négociations" irakiennes, Bush était déterminé à détruire la PDF, à kidnapper Noriega et à occuper le Panama, et aucune bonne volonté offerte par des hommes justes n'allait pouvoir l'empêcher d'atteindre ses objectifs. En vérité, sous l'administration Bush, l'Amérique est devenue la nation la plus malfaisante du monde, une véritable tyrannie despotique.

Dans l'un des actes les plus étonnants et les plus effrontés de sa carrière, le président Bush a déclaré que le gang Endara, impliqué dans le trafic de drogue, était le "gouvernement officiel du Panama". Ces hommes, si lourdement impliqués dans les banques de blanchiment de la drogue, ont prêté "serment" sur une base militaire des États-Unis. Si jamais il y avait une loi de la jungle, c'était celle-là. Puis 45 minutes plus tard, les États-Unis ont envahi la nation souveraine du Panama dans l'un des actes d'agression les plus flagrants de ce siècle. Si c'était la démocratie en action, alors que Dieu aide l'Amérique, car ce qui s'est passé au Panama sera certainement répété à l'intérieur du pays et même partout, car le parti républicain devient le parti bâtisseur d'empire.

Nous avons laissé le mal triompher en choisissant de rester silencieux. Nous avons été indifférents à la souffrance des autres nations aux mains des États-Unis, alors quand notre tour viendra, nous n'aurons que nous-mêmes à blâmer. Notre manque de protestation, voire notre approbation de la loi de la jungle en action au Panama et en Irak, nous fait mériter la punition de Dieu tout-puissant, qui va sûrement s'abattre sur cette nation à cause de notre tolérance des mauvaises actions. Partout où je voyage, je vois des affiches et des panneaux d'affichage : "God Bless America" et je dois me demander pourquoi Dieu bénirait l'Amérique alors que tant de mal est fait en son nom.

Une autre excuse pour l'invasion du Panama avancée par le président Bush était que nous allions au Panama "pour combattre le trafic de drogue". C'est ce que Bush a eu l'audace de dire le 20 décembre 1989, alors qu'il préparait son "discours de Noël" aux peuples du Panama et des États-Unis. Un examen des dossiers de la DEA révélera rapidement que John Lawn, l'ancien chef de la DEA, avait fréquemment cité en termes élogieux la pleine coopération qu'il avait reçue du général Noriega, de la PDF et du gouvernement panaméen. Pendant que le général Noriega était aux commandes, le problème de la drogue s'était nettement atténué.

Le 27 mai 1989, John Lawn écrit à Noriega pour le féliciter de l'aide précieuse reçue dans la saisie réussie des comptes bancaires des trafiquants de drogue, que Lawn qualifie de "l'opération d'infiltration la plus réussie de l'histoire de la police fédérale".

Lawn a déclaré ce qui suit :

> "Une fois de plus, la DEA des États-Unis et les autorités répressives de la République du Panama ont uni leurs efforts pour porter un coup efficace aux trafiquants de drogue…"

Votre engagement personnel dans l'OPERATION POISSON et les efforts professionnels compétents et inlassables d'autres fonctionnaires de la République du Panama ont été essentiels à l'issue positive de cette enquête.

Les trafiquants de drogue du monde entier savent désormais que les produits et les bénéfices de leurs activités illégales ne sont pas les bienvenus au Panama.

Il n'est pas étonnant que les seigneurs et les dames d'Angleterre et les habitants en costume à rayures des banques de Wall Street aient commencé à s'inquiéter. Pas étonnant que Rockefeller ait ordonné à Bush de se débarrasser au plus vite de Noriega et du gouvernement panaméen. Noriega était vraiment sérieux et sincère dans sa guerre contre la drogue ! Bien qu'il ait déclaré que Noriega était un trafiquant de drogue, le président Bush n'a jamais fourni la moindre preuve pour étayer ses affirmations.

En fait, Adam Murphy, qui était à la tête de la Florida Task Force dans le cadre du National Narcotics Border Interdiction System (NNBIS), a déclaré catégoriquement ce qui suit :

> "Pendant toute la durée de mon mandat au NNBIS et à la South Florida Task Force, je n'ai jamais vu de renseignements suggérant que le général Noriega était impliqué dans le trafic de drogue. En fait, nous avons toujours présenté le Panama comme un modèle de coopération avec les États-Unis dans la guerre contre la drogue. Rappelez-vous qu'une mise en accusation par un grand jury dans ce pays n'est pas une condamnation. Si

l'affaire Noriega est jugée un jour, j'examinerai les preuves et les conclusions du jury, mais jusqu'à ce que cela se produise, je n'ai aucune preuve directe de l'implication du général. Mon expérience va dans le sens inverse."

Pourtant, en dépit des recommandations élogieuses en faveur du général Noriega et du gouvernement panaméen formulées par John Lawn dans sa lettre du 27 mai 1987, moins d'un mois plus tard, Bush mettait en scène une révolte contre le gouvernement légitime du Panama. Carlos Eleta et ses partenaires commerciaux, y compris Endara, le péon, ont immédiatement reçu le soutien de l'armée américaine au Panama. Nous avons vu le même modus operandi en Iran avec la destitution sordide du Premier ministre Mossadegh lors de l'enquête du général américain Hauser.

Cette violation dégoûtante du traité de l'OEA n'a suscité aucune protestation de la part de quiconque dans ce pays. Pat Robertson, le télévangéliste, et tous ses associés épris de liberté sont restés muets face à l'anarchie avérée du gouvernement américain. Par conséquent, nous méritons ce que nous allons recevoir lorsque le gouvernement tournera ses politiques anarchiques vers l'intérieur et les utilisera en interne sur ses citoyens. C'est le succès du gouvernement panaméen de Noriega à déraciner la mafia de la drogue du Panama, mené sur la base qu'il croyait bêtement que les États-Unis étaient réellement engagés dans une guerre contre la drogue, et par un désir sincère de remplir leurs obligations envers les États-Unis en termes de traité de l'OEA, qui a causé la perte du gouvernement panaméen et du général Noriega. En permettant au président Bush de bafouer la Constitution américaine, ce sera également la fin des États-Unis tels que nous les connaissons.

Le "crime" dont Noriega et son gouvernement se sont rendus coupables est d'avoir trop bien fait leur travail et, ce faisant, d'avoir lourdement piétiné les pieds de Dope International Limited et des seigneurs, dames et messieurs qui siègent à son conseil d'administration. Que cela serve de leçon à tous ceux qui, dans le monde, croient que l'administration Bush est réellement engagée dans une guerre contre la drogue. C'est une fausse guerre, ni plus ni moins, et comme l'ont dit plusieurs agents de terrain de la DEA, dont l'un s'est attaqué à The Corporation, l'énorme cartel de la cocaïne de Bolivie, et à ses partenaires mexicains, ils ont découvert à leurs dépens qu'il était plus probable d'être "mis à la retraite plutôt que félicité" si l'on s'approchait trop des personnes haut placées dans le commerce de la drogue, ou de souffrir aux mains d'un tyran et de voir son sort réglé par un tribunal fantoche.

La situation au Panama en 2009 est que les drogues circulent plus librement que jamais ; et les banques de blanchiment d'argent de la drogue opèrent plus librement. L'économie du pays est en pagaille et attend une injection américaine de millions de dollars US, mais rien de tout cela n'a vraiment d'importance. Ce qui compte, c'est que la "démocratie" a triomphé dans le pays. Que cela serve de leçon à tous les pays d'Amérique latine ! Que ce soit une leçon pour chaque nation, que si cela continue, aucune nation dans le monde ne sera en sécurité. Lorsque vous devenez l'ami des États-Unis, vous pouvez perdre votre pays.

Chapitre 5

Le rôle du Pakistan dans la guerre contre la drogue

L a Ligue musulmane a formé le premier gouvernement du Pakistan sous la direction de Muhammad Ali Jinnah et de Liaquat Ali Khan.

Le leadership de la Ligue musulmane sur la politique pakistanaise a considérablement diminué avec la montée en puissance d'autres partis politiques, notamment le Parti du peuple pakistanais (PPP) au Pakistan occidental et la Ligue Awami au Pakistan oriental, qui aboutiront à la création du Bangladesh. La première Constitution du Pakistan a été adoptée en 1956, mais a été suspendue en 1958 par Ayub Khan. La Constitution de 1973, suspendue en 1977 par Zia-ul-Haq, a été rétablie en 1991 et constitue le document le plus important du pays, jetant les bases du gouvernement.

Le Pakistan est une république démocratique fédérale dont la religion d'État est l'islam. Le système semi-présidentiel comprend un corps législatif bicaméral composé d'un Sénat de 100 membres et d'une Assemblée nationale de 342 membres.

Le président est le chef de l'État et le commandant en chef des forces armées. Il est élu par un collège électoral.

Le Premier ministre est généralement le chef du plus grand parti à l'Assemblée nationale. Chaque province a un système de gouvernement similaire avec une Assemblée provinciale élue au suffrage direct dans laquelle le chef du parti ou de l'alliance le plus important devient Chief Minister. Les gouverneurs des provinces sont nommés par le président.

L'armée pakistanaise a joué un rôle influent dans la politique générale tout au long de l'histoire du Pakistan, avec des présidents militaires au pouvoir de 1958 à 1971, de 1977 à 1988 et depuis 1999. Le PPP de gauche, dirigé par Zulfikar Ali Bhutto, est devenu un acteur politique majeur dans les années 1970. Sous le régime militaire de Muhammad Zia-ul-Haq, le Pakistan a amorcé un virage marqué, passant des politiques laïques de l'ère britannique à l'adoption de la charia et d'autres lois fondées sur l'islam.

Au cours des années 1980, le Muttahida Qaumi Movement (MQM), mouvement anti-féodal et pro-Muhajir, a été lancé par des citadins non orthodoxes et éduqués du Sind et en particulier de Karachi. Les années 1990 ont été caractérisées par une politique de coalition dominée par le PPP et une Ligue musulmane rajeunie.

Lors des élections générales d'octobre 2002, la Ligue musulmane du Pakistan (PML-Q) a remporté une pluralité de sièges à l'Assemblée nationale, le deuxième groupe le plus important étant celui des parlementaires du Parti du peuple pakistanais (PPPP), un sous-parti du PPP. Zafarullah Khan Jamali de la PML-Q est devenu Premier ministre, mais il a démissionné le 26 juin 2004 et a été remplacé par le leader de la PML-Q, Chaudhry Shujaat Hussain, comme Premier ministre intérimaire. Le 28 août 2004, l'Assemblée nationale a voté par 191 voix contre 151 pour élire le ministre des Finances et ancien vice-président de la Citibank, Shaukat Aziz, comme Premier ministre. Muttahida Majlis-e-Amal, une coalition de partis religieux islamiques, a remporté les élections dans la province de la Frontière du Nord-Ouest, et a augmenté sa représentation à l'Assemblée nationale.

Le Pakistan est un membre actif des Nations Unies (ONU) et de l'Organisation de la conférence islamique (OCI), cette dernière ayant été utilisée par le Pakistan comme un forum pour la modération éclairée, un plan visant à promouvoir une renaissance et une illumination dans le monde musulman. Le Pakistan est également membre des grandes organisations régionales que sont l'Association sud-asiatique de coopération régionale (SAARC) et l'Organisation de coopération économique (ECO). Par le passé, le Pakistan a entretenu des relations mitigées avec les États-Unis, notamment au début des années 1950, lorsque le Pakistan était le "plus grand allié des États-Unis en Asie" et un membre de l'Organisation du traité central (CENTO) et de l'Organisation du traité de l'Asie du Sud-Est (SEATO).

Pendant la guerre soviéto-afghane des années 1980, le Pakistan était un allié crucial des États-Unis, mais les relations se sont dégradées dans les années 1990, lorsque les États-Unis ont appliqué des sanctions en raison de soupçons concernant les activités nucléaires du Pakistan. Les attentats du 11 septembre et la guerre contre le terrorisme qui s'en est suivie ont permis une amélioration des liens entre les États-Unis et le Pakistan, notamment après que le Pakistan a mis fin à son soutien au régime taliban de Kaboul. Cela s'est traduit par une augmentation drastique de l'aide militaire américaine, qui a vu le Pakistan recevoir 4 milliards de dollars de plus en trois ans après les attaques du 11 septembre qu'au cours des trois années précédentes.

Le Pakistan entretient depuis longtemps des relations difficiles avec l'Inde voisine. Le conflit au sujet du Cachemire a entraîné de véritables guerres en 1947 et 1965. La guerre civile de 1971 a dégénéré en guerre d'indépendance du Bangladesh et en guerre indo-pakistanaise de 1971. Le Pakistan a procédé à des essais d'armes nucléaires en 1998 pour contrebalancer les essais d'explosion nucléaire de l'Inde, appelés respectivement "Smiling Buddha" en 1974 et Pokhran-II en 1998, et est devenu le seul État musulman doté d'armes nucléaires. Les relations avec l'Inde se sont régulièrement améliorées à la suite des initiatives de paix de 2002. Le Pakistan entretient d'étroites relations économiques, militaires et politiques avec la République populaire de Chine.

Le Pakistan est également confronté à l'instabilité des zones tribales sous administration fédérale, où certains chefs tribaux soutiennent les talibans. Le Pakistan a dû déployer l'armée dans ces régions pour réprimer l'agitation locale, au Waziristan. Le conflit du Waziristan s'est terminé par un accord de paix récemment déclaré entre les chefs tribaux et le gouvernement pakistanais, qui devrait ramener la stabilité dans la région. En outre, le pays est depuis longtemps confronté à l'instabilité au Baloutchistan, sa plus grande province par la taille, mais la plus petite par la population.

L'armée a été déployée pour combattre une grave insurrection au sein de la province de 1973 à 1976. La stabilité sociale a repris après que Rahimuddin Khan a été nommé administrateur de la loi martiale à partir de 1977. Après une paix relative dans les années 1980 et 1990, certains chefs tribaux baloutches influents ont relancé un mouvement séparatiste lorsque Pervez Musharraf a pris le pouvoir en 1999. Lors d'un incident survenu en août 2006, le Nawab Akbar Bugti, chef de l'insurrection baloutche, a été tué par les forces militaires pakistanaises. Le 3 novembre 2007, le président Musharraf a déclaré l'état d'urgence dans tout le Pakistan et a prétendu suspendre la Constitution, imposant la loi martiale.

À Islamabad, des troupes ont apparemment pénétré dans la Cour suprême et encerclé les domiciles des juges. Des dirigeants de l'opposition comme Benazir Bhutto et Imran Khan ont été assignés à résidence. Abdul Hameed Dogar a été nommé nouveau président de la Cour suprême du Pakistan, en raison du refus d'Iftikhar Muhammad Chaudhry d'avaliser l'ordonnance d'urgence, la déclarant inconstitutionnelle, bien qu'il ait lui-même prêté serment sous le régime du PCO en 1999. En réponse, le Pakistan a été suspendu des conseils du Commonwealth des Nations le 22 novembre 2007.

Ces dernières années, les islamistes militants de l'organisation Tehreek-e-Nafaz-e — Shariat-e-Mohammadi (TNSM), dirigée par le religieux radical Maulana Fazlullah, se sont rebellés contre le gouvernement pakistanais à Swat, dans la province de la Frontière du Nord-Ouest. Dans 59 villages, les militants ont mis en place un "gouvernement parallèle" avec des tribunaux islamiques imposant la charia.

Après la fin d'une trêve de quatre mois, fin septembre 2007, les combats ont repris. La force paramilitaire Frontier Constabulary avait été déployée dans la région pour réprimer la violence, mais elle semblait inefficace.

Le 16 novembre 2007, des militants auraient pris le siège du district d'Alpuri dans la ville voisine de Shangla. La police locale a fui sans résister à l'avancée des forces militantes qui outre les militants locaux, comprenaient également des volontaires ouzbeks, tadjiks et tchétchènes.

Pour faire reculer le militantisme et rétablir l'ordre, le gouvernement pakistanais a déployé une force de l'armée régulière pakistanaise qui a réussi à reprendre les territoires perdus, renvoyant les islamistes dans leurs cachettes dans les montagnes, mais les attentats-suicides contre l'armée ont continué.

Il a été signalé que le Commandement des opérations spéciales des États-Unis envisageait des alternatives pour apporter une aide efficace au Pakistan en ce qui concerne cette insurrection et d'autres insurrections liées à Al-Qaïda dans les zones tribales du Pakistan, mais les perspectives restent incertaines, même après une étude spéciale réalisée en 2008.

La regrettée Benazir Bhutto a été la première femme élue à la tête d'un État musulman post-colonial. Elle a été élue deux fois Premier ministre du Pakistan. Elle a prêté serment pour la première fois en 1988, mais a été démise de ses fonctions 20 mois plus tard sur ordre du président de l'époque, Ghulam Ishaq Khan, pour cause de corruption présumée.

En 1993, Bhutto est réélue, mais elle est à nouveau destituée en 1996 pour des motifs similaires. En 1998, Bhutto s'est exilée à Dubaï, où elle est restée jusqu'à son retour au Pakistan le 18 octobre 2007, après que le général Musharraf eut fait adopter une loi spéciale l'absolvant de toutes les accusations de corruption, par laquelle elle a été amnistiée et toutes les accusations de corruption ont été retirées. Enfant aînée de l'ancien premier ministre Zulfikar Ali Bhutto — un Pakistanais d'origine sindhi — et de la bégum ("Lady") Nusrat Bhutto, une Pakistanaise d'origine irano-kurde, elle a été accusée par sa nièce Fatima Bhutto de corruption flagrante et d'être responsable, avec son mari Asif Zardari, de l'assassinat de son frère Murtaza Bhutto en 1996.

Après deux ans de scolarité au couvent de présentation de Rawalpindi, Bhutto est envoyée au couvent Jésus et Marie de Murree. Elle a passé son examen de niveau A à l'âge de 15 ans, l'âge habituel étant de 17 ans. Après avoir terminé ses études primaires au Pakistan, elle a fréquenté l'université de Harvard, où elle a obtenu une licence cum laude en gouvernement comparé.

La phase suivante de son éducation s'est déroulée au Royaume-Uni. Entre 1973 et 1977, Bhutto étudie la philosophie, la politique et l'économie à Lady Margaret Hall, à Oxford. Elle a suivi un cours de droit international et de diplomatie à Oxford. En décembre 1976, elle est élue présidente de l'Oxford Union, devenant ainsi la première femme asiatique à diriger la prestigieuse société de débat. Le 18 décembre 1987, elle épouse Asif Ali Zardari à Karachi. De ce mariage sont nés trois enfants. Le père de Benazir Bhutto, l'ancien Premier ministre Zulfikar Ali Bhutto, a été démis de ses fonctions de Premier ministre en 1975, sur la base d'accusations de corruption similaires à celles auxquelles Benazir Bhutto devra faire face plus tard.

Lors d'un procès en 1977, Zulfikar Ali Bhutto a été condamné à mort pour conspiration de meurtre sur le père du politicien dissident Ahmed Raza Kasuri. Bien que l'accusation soit "largement mise en doute par le public", et malgré de nombreux appels à la clémence de dirigeants étrangers, dont le pape, Bhutto a été pendu le 4 avril 1979. Les appels à la clémence ont été rejetés par le général Muhammad Zia-ul-Haq, alors président. Benazir Bhutto et sa mère ont été détenues dans un "camp de police" jusqu'à la fin du mois de mai, après l'exécution de son père.

En 1980, son frère Shahnawaz a été tué dans des circonstances suspectes en France. L'assassinat d'un autre de ses frères, Mir

Murtaza, en 1996, a contribué à déstabiliser son second mandat de Premier ministre. Bhutto, qui était rentrée au Pakistan après avoir terminé ses études, s'est retrouvée assignée à résidence à la suite de l'emprisonnement puis de l'exécution de son père. Ayant été autorisée en 1984 à retourner en Grande-Bretagne, elle est devenue une dirigeante en exil du PPP, le parti de son père, bien qu'elle n'ait pu faire sentir sa présence politique au Pakistan qu'après la mort du général Muhammad Zia-ul-Haq. Elle avait succédé à sa mère à la tête du Parti du peuple pakistanais et de l'opposition pro-démocratique au régime de Zia-ul-Haq.

Le 16 novembre 1988, lors des premières élections ouvertes depuis plus d'une décennie, le PPP de Benazir remporte le plus grand nombre de sièges à l'Assemblée nationale. Bhutto a prêté serment comme Premier ministre d'un gouvernement de coalition le 2 décembre 1998, devenant à 35 ans la plus jeune personne — et la première femme — à diriger le gouvernement d'un État à majorité musulmane dans les temps modernes.

Mais son gouvernement a été démis en 1990 à la suite d'accusations de corruption, pour lesquelles elle n'a jamais été jugée. Nawaz Sharif, le protégé de Zia, accède ensuite au pouvoir. Bhutto a été réélue en 1993, mais a été démise de ses fonctions trois ans plus tard au milieu d'un concert de scandales de corruption par le président de l'époque, Farooq Leghari, qui a utilisé les pouvoirs discrétionnaires du huitième amendement pour dissoudre son gouvernement. La Cour suprême a confirmé la destitution du président Leghari par un jugement de 6 contre 1.

En 2006, Interpol a émis une demande d'arrestation de Benazir et de son mari. Les critiques à l'encontre de Benazir provenaient en grande partie des élites du Pendjab et des puissantes familles de propriétaires terriens qui s'opposaient à Bhutto alors qu'elle poussait le Pakistan vers une réforme nationaliste, au détriment des intérêts des seigneurs féodaux, qu'elle rendait responsables de la déstabilisation de son pays. Après avoir été démise de ses fonctions par le président du Pakistan pour cause de corruption, son parti perd les élections d'octobre. Elle a occupé le poste de chef de l'opposition tandis que Nawaz Sharif est devenu Premier ministre pendant les trois années suivantes. De nouvelles élections ont lieu en octobre 1993 et sa coalition PPP est victorieuse, ramenant Bhutto au pouvoir. En 1996, son gouvernement est à nouveau destitué pour cause de corruption. Des documents français, polonais, espagnols et suisses ont conduit à d'autres accusations de corruption contre Mme Benazar et son mari, et tous deux ont fait l'objet d'un certain nombre de procédures judiciaires, notamment une accusation de blanchiment d'argent par l'intermédiaire de banques suisses. Son mari, Asif Ali Zardari, a passé huit ans en prison pour des accusations de corruption similaires. Zardari, libéré de prison en 2004, a laissé entendre que son séjour en prison avait été marqué par la torture.

Un rapport d'enquête du *New York Times* de 1998 indique que les autorités pakistanaises disposaient de documents qui ont mis au jour un réseau de comptes bancaires, tous liés à l'avocat de la famille en Suisse, dont Asif Zardari était le principal actionnaire. Selon l'article, des documents publiés par les autorités françaises indiquent que M. Zardari a offert des droits exclusifs à Dassault, un avionneur français, pour remplacer les avions de chasse vieillissants de l'armée de l'air pakistanaise, en échange d'une commission de 5% à verser à une société suisse contrôlée par M. Zardari. L'article indique également qu'une société de Dubaï a reçu une licence exclusive d'importation d'or au Pakistan, pour laquelle Asif Zardari a reçu des paiements de plus de 10 millions de dollars sur ses comptes Citibank basés à Dubaï. Le propriétaire de la société a nié avoir effectué des paiements à Zardari et affirme que les documents sont des faux.

Bhutto maintient que les accusations portées contre elle et son mari sont purement politiques. "La plupart de ces documents sont fabriqués, dit-elle, et les histoires qui ont été racontées autour d'eux sont absolument fausses." Le rapport de l'Auditeur général du Pakistan (AGP) a appuyé l'affirmation de Mme Bhutto. Il présente des informations suggérant que Benazir Bhutto a été chassée du pouvoir en 1990 à la suite d'une chasse aux sorcières approuvée par le président de l'époque, Ghulam Ishaq Khan. Le rapport de l'AGP indique que Khan a effectué des paiements illégaux de 28 millions de roupies pour déposer 19 dossiers de corruption contre Bhutto et son mari dans les années 1990-1993.

Les avoirs détenus par Bhutto et son mari ont été dûment examinés par les procureurs qui ont alors allégué que les comptes bancaires suisses des Bhutto détenaient 840 millions de dollars. Zardari a également acheté un manoir néo-Tudor et un domaine d'une valeur de plus de 4 millions de livres sterling dans le Surrey, en Angleterre, au Royaume-Uni. Les enquêteurs pakistanais ont lié d'autres propriétés à l'étranger à la famille de Zardari. Il s'agit notamment d'un manoir de 2,5 millions de dollars en Normandie appartenant aux parents de Zardari, qui disposaient de biens modestes au moment de son mariage. Bhutto a nié détenir d'importants biens à l'étranger.

Jusqu'à récemment, Benazir Bhutto et son mari faisaient l'objet d'accusations de corruption officielle portant sur des centaines de millions de dollars de "commissions" sur des contrats et des appels d'offres gouvernementaux. Mais grâce à un accord de partage du pouvoir négocié en octobre 2007 entre Bhutto et Musharraf, Benazir et son mari ont été amnistiés. Si cette décision est maintenue, elle pourrait inciter un certain nombre de banques suisses à "débloquer" les comptes gelés à la fin des années 1990. L'ordre exécutif pourrait en principe être contesté par le pouvoir judiciaire, bien que l'avenir de ce dernier soit incertain en raison des mêmes développements récents. Le 23 juillet 1998, le gouvernement suisse a remis au gouvernement du Pakistan des documents relatifs à des allégations de corruption contre Benazir Bhutto et son mari. Les documents comprenaient une accusation formelle de blanchiment d'argent par les autorités suisses contre Zardari.

Le gouvernement pakistanais a mené une enquête de grande envergure pour retrouver plus de 13,7 millions de dollars gelés par les autorités suisses en 1997, qui auraient été cachés dans des banques par Bhutto et son mari. Le gouvernement pakistanais a récemment engagé des poursuites pénales contre Mme Bhutto afin de retrouver la trace d'un montant estimé à 1,5 milliard de dollars qu'elle et son mari auraient reçu dans le cadre de diverses entreprises criminelles. Les documents suggèrent que l'argent que Zardari est censé avoir blanchi était accessible à Benazir Bhutto et avait été utilisé pour acheter un collier de diamants pour plus de 175 000 dollars.

Le PPP a répondu en niant catégoriquement les accusations, suggérant que les autorités suisses ont été induites en erreur par de fausses preuves fournies par Islamabad. Le 6 août 2003, les magistrats suisses ont déclaré Benazir et son mari coupables de blanchiment d'argent. Ils ont été condamnés à six mois de prison avec sursis, à une amende de 50 000 dollars chacun et à verser 11 millions de dollars au gouvernement pakistanais.

Le procès, qui a duré six ans, a conclu que Benazir et Zardari avaient déposé sur des comptes suisses 10 millions de dollars qui leur avaient été remis par une société suisse en échange d'un contrat au Pakistan. Le couple a déclaré qu'il ferait appel. Les enquêteurs pakistanais affirment que Zardari a ouvert un compte Citibank à Genève en 1995, par lequel il aurait fait transiter quelque 40 millions de dollars sur les 100 millions qu'il a reçus en pots-de-vin de la part de sociétés étrangères faisant des affaires au Pakistan.

En octobre 2007, Daniel Zappelli, procureur général du canton de Genève, a déclaré avoir reçu lundi les conclusions d'une enquête sur le blanchiment d'argent à l'encontre de l'ancienne première ministre pakistanaise Benazir Bhutto, mais qu'il n'était pas certain que des poursuites judiciaires soient engagées contre elle en Suisse :

> Le gouvernement polonais a remis au Pakistan 500 pages de documents relatifs à des allégations de corruption contre Benazir Bhutto et son mari. Ces accusations portent sur l'achat de 8000 tracteurs dans le cadre d'un marché conclu en 1997. Selon des responsables pakistanais, les documents polonais contiennent des détails sur les commissions illégales versées par la société de tracteurs en échange de l'acceptation de leur contrat. Il est allégué que l'arrangement a "écrémé" 103 millions de roupies (2 millions de dollars) en pots-de-vin.

Les preuves documentaires reçues de Pologne confirment le système de pots-de-vin mis en place par Asif Zardari et Benazir Bhutto au nom du lancement du projet de tracteur Awami.

Benazir Bhutto et Asif Ali Zardari auraient reçu une commission de 7,15% sur ces achats par l'intermédiaire de leurs hommes de paille, Jens Schlegelmilch et Didier Plantin de Dargal S.A., qui ont également reçu environ 1,969 million de dollars pour la fourniture de 5900 tracteurs Ursus.

Dans le cadre du paiement le plus important découvert par les enquêteurs, un négociant en lingots d'or du Moyen-Orient aurait déposé au moins 10 millions de dollars sur l'un des comptes de M. Zardari, après que le gouvernement Bhutto lui eut accordé le monopole des importations d'or qui alimentaient l'industrie de la bijouterie et le commerce de la drogue au Pakistan. L'argent aurait été déposé sur le compte Citibank de Zardari à Dubaï. La côte pakistanaise de la mer d'Oman, qui s'étend de Karachi à la frontière avec l'Iran, est depuis longtemps un refuge pour les contrebandiers d'or.

Jusqu'au début du second mandat de Bhutto, ce commerce, qui se chiffre en centaines de millions de dollars par an, n'était pas réglementé. Des éclats d'or, appelés biscuits, et des lingots plus lourds étaient transportés par avion et par bateau entre le golfe Persique et la côte pakistanaise, en grande partie non surveillée. La côte désolée de Maccra est également le point de chute d'énormes cargaisons d'héroïne et d'opium en provenance d'Afghanistan et constitue le pilier du commerce de l'or avec la British Bank of the Middle East basée à Dubaï.

Peu après le retour de Bhutto au poste de Premier ministre en 1993, un négociant pakistanais en lingots à Dubaï, Abdul Razzak Yaqub, a proposé un marché. En échange du droit exclusif d'importer de l'or, Razzak aiderait le gouvernement à réglementer le commerce. En novembre 1994, le ministère pakistanais du Commerce a écrit à Razzak pour l'informer qu'il avait obtenu une licence qui faisait de lui, au moins pour les deux années suivantes, le seul importateur d'or autorisé du Pakistan.

Lors d'une interview dans son bureau à Dubaï, Razzak a reconnu qu'il avait utilisé la licence pour importer plus de 500 millions de dollars d'or au Pakistan et qu'il s'était rendu à Islamabad à plusieurs reprises pour rencontrer Bhutto et Zardari. Mais il a nié qu'il y ait eu corruption ou accords secrets. "Je n'ai pas versé un seul centime à Zardari", a-t-il déclaré.

M. Razzak affirme que quelqu'un au Pakistan qui souhaitait détruire sa réputation s'est arrangé pour que sa société soit identifiée à tort comme le déposant. "Quelqu'un dans la banque a coopéré avec mes ennemis pour fabriquer de faux documents", a-t-il déclaré.

À aucun moment, l'énorme commerce de l'héroïne et de l'opium n'a été mentionné, alors qu'il est à la base du commerce de l'or à Dubaï. Les paysans cultivateurs de pavot à opium du Helmand en Afghanistan n'acceptent pas de monnaie de papier pour leurs récoltes, et sont toujours payés en or. Depuis septembre 2004, Bhutto vit à Dubaï, aux Émirats arabes unis, où elle s'occupe de ses enfants et de sa mère, qui souffre de la maladie d'Alzheimer, voyage pour donner des conférences et reste en contact avec les partisans du Parti du peuple pakistanais. Cela soulève naturellement la question. Pourquoi Dubaï ?

La réponse est évidente. Bhutto est restée à Dubaï pour superviser les énormes transactions d'or effectuées par la Banque de Dubaï. Elle et ses trois enfants ont retrouvé leur mari et le père en décembre 2004, après plus de cinq ans.

Le 27 janvier 2007, elle a été invitée par les États-Unis à s'entretenir avec le président Bush et des représentants du Congrès et du Département d'État. Bhutto a participé à l'émission Question Time de la BBC au Royaume-Uni en mars 2007. Elle a également participé à plusieurs reprises à l'émission News Night de la BBC. En mai 2007, elle a réfuté les commentaires de Muhammad Ijaz-ul — Haq concernant l'octroi du titre de chevalier à Salman Rushdie, affirmant qu'il appelait à l'assassinat de citoyens étrangers.

Bhutto avait déclaré son intention de rentrer au Pakistan en 2007, ce qu'elle a fait, en dépit des déclarations de Musharraf en mai 2007, selon lesquelles elle ne serait pas autorisée à rentrer avant les élections générales du pays, prévues fin 2007 ou début 2008, car elle pourrait être assassinée. Pourtant, d'autres sources l'ont avertie qu'il était très probable que l'on tente de l'assassiner. Le commerce de la drogue est une activité très dangereuse, et ceux qui commettent l'erreur de croiser les familles des caïds de ce commerce lucratif courent un grand risque.

L'historien américain Arthur Herman, dans une lettre controversée publiée dans le *Wall Street Journal* le 14 juin 2007, en réponse à un article de Bhutto, très critique à l'égard du président et de sa politique, l'a décrite comme "... l'un des dirigeants les plus incompétents de l'histoire de l'Asie du Sud", et a affirmé qu'elle et d'autres élites pakistanaises détestaient Musharraf parce qu'il est un muhajir, le fils d'un des millions de musulmans indiens qui ont fui au Pakistan lors de la partition en 1947. Herman a également affirmé :

> "Bien que ce soient les muhajirs qui aient agi pour la création du Pakistan en premier lieu, de nombreux Pakistanais de souche les considèrent avec mépris et les traitent comme des citoyens de troisième classe."

Néanmoins, à la mi-2007, les États-Unis semblaient faire pression en faveur d'un accord dans lequel Musharraf resterait président, mais quitterait la tête de l'armée, et Bhutto ou l'un de ses candidats deviendrait Premier ministre.

Malgré toutes les dissensions internes, le commerce de la drogue a poursuivi sa route, apparemment sans se soucier des conflits politiques en cours. Personne n'a eu le courage de s'avancer et de bloquer la route menant de l'Afghanistan aux manteaux de Maccra, ce qui aurait permis d'interdire le commerce massif de l'opium. Les enjeux étaient tout simplement trop importants pour que quiconque s'attelle à une tâche aussi monumentale. En 2007, la DEA a déclaré que l'opium en provenance d'Afghanistan avait atteint une production record de 6000 tonnes pour l'année, en dépit du fait que la principale zone de culture du pavot à opium, le Helmand, était constamment patrouillée, principalement par des troupes britanniques et américaines sous commandement de l'OTAN.

Les maîtres de la drogue ont montré au monde une fois de plus que, quel que soit le type de gouvernement qui contrôle un pays (n'importe quel pays sauf la Russie), ils peuvent continuer à faire des affaires en utilisant des méthodes innovantes, un changement de rythme et de direction. Je doute fort que le nouveau président des États-Unis, Barack Obama, soit autorisé à mettre en œuvre les mesures qu'il pourrait souhaiter prendre. Le temps nous le dira. En attendant, le business de plusieurs milliards de dollars continue de tourner. Le nouveau "plan d'affaires" du cartel de la drogue prévoit de déplacer la distribution de la cocaïne du Mexique, des Caraïbes et du Panama vers la lointaine Afrique.

En outre, les dirigeants ont réduit le prix de la cocaïne de 50% au niveau de la vente en gros, ce qui fait que le coût d'une "ligne" de cocaïne est inférieur à 5 $, ce qui est à la portée de tous les clients dans la rue. La beauté de ce plan du point de vue du Cartel est que les pays d'importation africains sont faciles à gérer et qu'à une ou deux exceptions près, l'application de la loi est extrêmement laxiste et très sensible à la corruption.

Un autre pays d'entrée de la cocaïne sur le marché européen est le "Kosova", l'idée de Richard Holbrook, le soi-disant architecte de la destruction de la Serbie, qui a simplement été donné en cadeau à l'Albanie, pays décadent qui pratique le trafic de drogue et d'esclaves blancs. Oui, croyez-le ou non, le produit national brut de l'Albanie est constitué des revenus tirés du trafic de drogue et d'esclaves blancs.

Désormais, le commerce de la cocaïne va prospérer au Kosovo comme il l'a fait pendant cent ans en Albanie. Toute tentative des agents de la DEA pour l'arrêter se heurtera à l'intimidation et au meurtre de ses agents. Jusqu'à ce que l'agence anti-narcotique de l'ONU et les forces anti-drogue d'Europe occidentale et des États-Unis parviennent à maîtriser les nouvelles routes de distribution, les barons des cartels de la drogue auront le champ libre.

Une mise à jour d'avril 2009

Il y a trois ans, les autorités mexicaines, poussées par les États-Unis, ont déclaré la guerre aux trafiquants de drogue. En raison de cette action, le Mexique est confronté à un déclin et à un effondrement rapides, à moins que les États-Unis n'interviennent et n'aident le Mexique avec des troupes et un financement adéquat. Alors que la nouvelle secrétaire d'État de l'administration Obama reconnaît que la bataille qui fait rage au Mexique représente un danger très réel si elle se propage aux États-Unis, elle a récemment déclaré à CBS news qu'elle se préparait à prendre des mesures pour aider le Mexique en hommes et en argent. Face au fait connu que les barons de la drogue mexicains terrorisent le Mexique avec des actes de brutalité qui sont horribles — la réticence jusqu'ici des États-Unis à lui venir en aide est difficile à comprendre. Ce n'est pas comme si le Mexique était très éloigné des États-Unis, ou que nous n'avions pas de relations étroites. En fait, nous sommes plus proches du Mexique, diplomatiquement parlant, que nous ne le sommes du Canada.

En janvier 2009, des terroristes mexicains ont enlevé dix soldats. Peu de temps après, leurs corps, criblés de balles, ont été abandonnés sur le bord d'une route très fréquentée. Dans un autre cas, un citoyen considéré comme un informateur de la police a été enlevé, sa tête coupée et son corps suspendu sur le côté d'un pont routier à la vue de milliers d'automobilistes empruntant le passage souterrain.

En 2008, 6300 personnes ont été enlevées et tuées par les terroristes de la drogue. En fait, Mexico a acquis la réputation peu enviable d'être la capitale mondiale du kidnapping. Les riches comme les pauvres en sont les victimes. Récemment, 250 000 personnes se sont rassemblées sur la place principale de

Mexico pour protester contre la lenteur de la réaction du gouvernement face aux barons de la drogue. Mais la vérité est que le Mexique n'a ni la main-d'œuvre ni l'argent pour mettre en place le type de réponse écrasante aux barons de la drogue qui est nécessaire. De plus, les barons de la drogue sont mieux armés que le gouvernement mexicain.

La police mexicaine et les agents fédéraux de lutte contre la drogue. Les trafiquants de drogue disposent de fusils entièrement automatiques et de grenades à main et ont régulièrement battu la police mexicaine dans un certain nombre de batailles rangées. Leurs armes de qualité supérieure sont achetées au comptant auprès de revendeurs aux États-Unis. Le gouvernement américain affirme qu'il fait pression pour mettre fin à ces ventes d'armes. Selon une récente étude de l'ONU sur le Mexique, le commerce de la drogue représente la somme astronomique de 38 milliards de dollars par an, et de plus en plus de trafiquants se lancent dans cette activité chaque mois. La corruption règne au sein des forces anti-drogue mexicaines et, bien que le procureur général du Mexique affirme avoir adopté de nouvelles mesures pour freiner le commerce de la drogue, tout indique que les crimes violents liés à la drogue sont en hausse. Il y a quelques points lumineux dans ce sombre tableau : en 2008, le Mexique a arrêté 57 000 trafiquants de drogue et il vient d'être révélé que le gouvernement américain a engagé 56 millions de dollars supplémentaires par an pour aider le Mexique dans sa lutte contre les barons de la drogue.

Comme on le craignait, le terrorisme mexicain lié à la drogue a débordé sur 230 villes américaines et constitue aujourd'hui, à la mi-avril 2009, le crime numéro un en Amérique. Il est de notre devoir de nous joindre à la lutte qui se déroule actuellement contre la dangereuse menace que représente le trafic de drogue pour l'Amérique. Nous devons réaliser que nous sommes en guerre contre des hommes impitoyables qui sont déterminés à miner et à faire tomber notre grande République. Les États-Unis doivent suivre l'exemple du président Betancourt de Colombie. L'avenir entier de notre nation est en jeu. Ce n'est pas une guerre dont nous pouvons nous écarter. C'est un combat à mort. Nous devons gagner cette guerre. Si nous ne la gagnons pas, l'ennemi à l'intérieur de nos portes aura fait un pas de géant dans la mise en œuvre de son programme d'esclavage et d'obscurité pour nous tous, tel qu'il est envisagé dans les plans du Gouvernement Mondial Unique.

Déjà parus

OMNIA VERITAS LTD PRÉSENTE :

LA HIÉRARCHIE DES CONSPIRATEURS HISTOIRE DU COMITÉ DES 300

par John Coleman

JOHN COLEMAN

Cette conspiration ouverte contre Dieu et l'homme, inclut l'asservissement de la majorité des humains

OMNIA VERITAS LTD PRÉSENTE :

LA DIPLOMATIE PAR LE MENSONGE
UN COMPTE RENDU DE LA TRAÎTRISE DES
GOUVERNEMENTS DE L'ANGLETERRE ET DES ÉTATS-UNIS

PAR
JOHN COLEMAN

JOHN COLEMAN

L'histoire de la création des Nations Unies est un cas classique de diplomatie par le mensonge

OMNIA VERITAS LTD PRÉSENTE :

LA DYNASTIE ROTHSCHILD

par John Coleman

JOHN COLEMAN

Les événements historiques sont souvent causés par une "main cachée"

OMNIA VERITAS
OMNIA VERITAS LTD PRÉSENTE :
JULIUS EVOLA
LE MYTHE DU SANG &
SYNTHÈSE DE DOCTRINE DE LA RACE
ÉLÉMENTS POUR UNE ÉDUCATION RACIALE
La conscience de la valeur de la race se révèle dans un ensemble de normes que l'on peut retrouver dans les anciennes civilisations.
Les forces mystiques qui étaient à l'origine des forces du sang et de la gens

OMNIA VERITAS
OMNIA VERITAS LTD PRÉSENTE :
JULIUS EVOLA
RÉVOLTE CONTRE LE
MONDE MODERNE
«Partout, dans le monde de la Tradition, cette connaissance a toujours été présente comme un axe inébranlable autour duquel tout le reste était hiérarchiquement organisé.»
Il y a un ordre physique et il y a un ordre métaphysique

OMNIA VERITAS
OMNIA VERITAS LTD PRÉSENTE :
JULIUS EVOLA
MÉTAPHYSIQUE DU SEXE
Une vaste fresque tout entière consacrée à l'expression spirituelle et mythique de l'amour sexuel.
Les significations essentielles de la puissance qui anime cet univers de l'Eros

www.ingramcontent.com/pod-product-compliance
Lightning Source LLC
Chambersburg PA
CBHW071118280326
41935CB00010B/1046